¿ES JESÚS SOCIALISTA?

Lo que Jesús y la Biblia tienen que decir sobre la riqueza y la pobreza, la generosidad y la codicia, la abundancia y la escasez

Por Lee Habeeb

¿Es Jesús socialista? Lo que Jesús y la Biblia tienen que decir sobre la riqueza y la pobreza, la generosidad y la codicia, la abundancia y la escasez

¿ES JESÚS SOCIALISTA?

Lo que Jesús y la Biblia tienen que decir
sobre la riqueza y la pobreza, la generosidad
y la codicia, la abundancia y la escasez

ÍNDICE

LA MULTIPLICACIÓN DE LOS PANES Y LOS PECES
DE GIOVANNI LANFRANCO, 1620–1625

INTRODUCCIÓN

Los cristianos de todo el mundo creen que el Hijo de Dios caminó sobre la tierra hace unos 2.000 años. La Biblia nos enseña que Jesús vino a este mundo (nuestro mundo) a través de un nacimiento milagroso de una virgen llamada María, comenzó su ministerio cuando tenía unos 30 años y terminó aproximadamente 3 años después con su crucifixión y muerte. Unos días después, Jesús resucitó de entre los muertos, después de morir por todos nuestros pecados, pasados, presentes y futuros.

Se le vería en al menos ocho ocasiones después de su crucifixión, la primera en verlo fue María Magdalena en la tumba (Marcos 16:9), y por último unos 500 seguidores, donde confirmó la finalización de su misión en la tierra, después sus seguidores presenciaron su ascensión al cielo.

Mientras estuvo aquí en la tierra, antes y después de su muerte, Jesús enseñó a sus seguidores sobre muchas cosas, entre ellas la compasión, la fe, el perdón, la gracia, la misericordia y el amor. Su misión en la tierra habló a la vida personal de la humanidad, no a nuestra vida política. De hecho, la decisión más importante que cualquier cristiano toma en su vida no es grupal, nunca lo ha sido y nunca lo será. La decisión más personal que cualquiera de nosotros toma, aceptar a Jesús como nuestro Señor y Salvador, la toma cada uno de nosotros solo, una persona a la vez. Un corazón a la vez. Un alma a la vez.

Jesús, nuestro Señor y Salvador, no nos obliga a seguirlo. Debemos ofrecernos voluntariamente para el trabajo. La coerción no era parte de la enseñanza de Jesús; el amor era la fuerza motivadora de su ministerio. Después de todo, él caminó por esta tierra para entendernos y conocernos. Y para que nosotros lo conozcamos. Para que sepamos que él nos ama tan profundamente e incondicionalmente que murió por todos nuestros pecados, pasados, presentes y futuros. Ese es un tipo de amor que es difícil de comprender para nosotros como seres humanos. Pero una cosa es cierta. La coerción y la fuerza son lo opuesto al tipo de amor de Jesús. Y, sin embargo, la fuerza y la coerción son lo que impulsa las economías socialistas modernas; el gobierno obliga a sus ciudadanos que viven bajo el socialismo a ayudar a los necesitados y a los pobres. No se hace libremente. O voluntariamente.

El hecho es que las enseñanzas de Jesús no tenían nada que decir sobre la naturaleza y forma que deben adoptar los gobiernos, sino el hecho de que debemos:

Dad a César lo que es de César, y a Dios lo que es de Dios (Marcos 12:17 RVR; Mateo 22:21; Lucas 20:25).

De esta manera, Jesús trazó una distinción entre dos reinos: el reino de este mundo y el reino que no es de este mundo, y Jesús es el Rey de ese mundo.

Si Jesús hubiera querido gobernar la tierra, seguramente podría haberlo hecho, y obtenido todos los elogios y adornos de la riqueza y el poder. Pero en los 33 años que Jesús caminó sobre la tierra, no mostró absolutamente ningún deseo o inclinación por hacerlo. El dinero y el poder no eran lo suyo. ¿Cómo lo sabemos? En la tentación final,

Satanás llevó a Jesús a una montaña alta y le mostró todos los reinos del mundo y toda la gloria que los acompañaba.

Y le dijo: «Todo esto te daré, si postrado me adorares» (Mateo 4:9 RVR).

Pero a Jesús no le impresionó la oferta.

Vete, Satanás, porque escrito está: «Al Señor tu Dios adorarás, y a él sólo servirás» (Mateo 4:10 RVR).

Podemos decir con seguridad que Jesús no caminó por la tierra para dirigir los asuntos de estado, ni para convertirse en un líder mundano de los hombres. Su campo de misión éramos nosotros, todos los seres humanos. Y nuestros corazones, almas y mentes. Esos espacios profundamente individuales y personales, y sólo esos, eran su preocupación. Desde el momento en que caminó por la tierra hasta ahora, Jesús ha estado preocupado por nuestra salvación eterna y personal, y por nuestros corazones. Amar a Dios y amarnos a nosotros estaba en el corazón de la misión de Jesús al mundo. Él quería que esas dos cosas también estuvieran en el corazón y en el centro de nuestras vidas.

Pero no es porque lo diga yo. Cuando uno de los maestros de la ley le preguntó a Jesús cuál de los mandamientos era el más importante, Jesús respondió:

Jesús contestó: El más importante es: «Escucha, Israel: El Señor nuestro Dios es el único Señor. Ama al Señor tu Dios con todo tu corazón, con toda tu alma, con toda tu mente y con todas tus fuerzas». El segundo es: «Ama a tu prójimo como a

ti mismo». No hay otro mandamiento más importante que estos (Marcos 12:29-31).

Esos fueron los dos mandamientos más importantes de Jesús, por lo que deben ser nuestros como seguidores de Jesús. Y amar a nuestro Señor es algo que debemos hacer como individuos. Así como amarnos unos a otros, amar a nuestro prójimo como a nosotros mismos, es algo que debemos hacer como individuos. Los gobiernos no aman a las personas. Pueden tratar de asistir a las personas, tratar de ayudar a las personas necesitadas. Pero las personas aman a las personas. Los individuos aman otros individuos. El amor no es una experiencia colectiva. Es profundamente personal. Es la experiencia personal más poderosa en la tierra. La vida sin amor es inconcebible.

Sí, podemos y debemos adorar a Jesús juntos y vivir y caminar nuestras vidas cristianas con grupos de personas, pero estamos llamados a amar al Señor de manera individual y personal. Y sabemos por las Escrituras que él nos conoce a todos de manera individual y personal. Él conoce nuestros corazones y nuestras mentes individuales mejor que nosotros mismos.

Si Jesús hubiera querido terminar con la pobreza en su tiempo, o redistribuir masivamente la riqueza, no necesitaba postularse para un cargo o diseñar un cuerpo de gobierno o un sistema político. Simplemente podría haber hecho que esas cosas sucedieran. Pero pasó poco tiempo alimentando a los hambrientos, solo en un par de ocasiones, y redistribuyendo la riqueza. Alimentó a las masas hambrientas de manera más memorable en la montaña al otro lado del mar de Galilea. Pero esa historia no tenía tanto que ver con alimentar a las masas hambrientas sino permitir que las masas hambrientas fueran testigos por sí mismas, con sus propios ojos, de quién era él. Contemplar con sus propios ojos los milagros que podía realizar.

Aquellos hombres entonces, viendo la señal que Jesús había hecho, dijeron: «Este verdaderamente es el profeta que había de venir al mundo». (Juan 6:14 RVR).

En cuanto a la redistribución de la riqueza, Jesús nunca la mencionó, ni siquiera la insinuó en la Biblia. En una ocasión se le pidió que desempeñara el papel de juez de equidad y resolviera una reclamación pendiente sobre una herencia, y Jesús se negó rápida y bruscamente.

> *Uno de entre la multitud le pidió: «Maestro, dile a mi hermano que comparta la herencia conmigo».*
>
> *Hombre —respondió Jesús—, ¿quién me nombró a mí juez o árbitro entre ustedes? ¡Tengan cuidado! —advirtió a la gente—. Absténganse de toda avaricia; la vida de una persona no depende de la abundancia de sus bienes (Lucas 12:13-15).*

Jesús no sugirió ni por un segundo ningún tipo de redistribución o resultado igualitario. En cambio, advirtió a quienes lo escuchaban sobre los peligros de la avaricia, negándose a ser el entrometido.

Por eso parece tan extraño, de hecho, caricaturizar a Jesús, nuestro Señor y Salvador, como la encarnación de un sistema político creado por el hombre como el socialismo. Y es absolutamente extraño oír a no cristianos y a algunos cristianos descarriados, llamar a Jesús socialista.

Reducir la vida, muerte y resurrección de Jesús y sus profundas enseñanzas a un mero sistema político es una mezcla de estupidez y arrogancia. Y sin embargo, hay algunas personas fuera del rebaño cristiano, y algunas dentro de él también, que creen que la vida de Jesús, y sus lecciones y enseñanzas, respaldan la teoría política y económica que ha llegado a conocerse como socialismo.

Antes de que pueda continuar cualquier discusión real sobre el tema, primero es importante entender qué significa realmente la palabra *socialismo*. Esto es lo que dice en *rae.es*:

> *m. Sistema de organización social y económica basado en la propiedad y administración colectiva o estatal de los medios de producción y distribución de los bienes.*[1]

En resumen, el socialismo no requiere la propiedad de nada, desde una empresa privada hasta la propiedad privada. Y exige un gobierno centralizado, una autoridad centralizada, que controle todo. En resumen, el estado dirige las vidas de las personas que viven en él, y lo hace a través del poder coercitivo del gobierno. Por la fuerza de la ley.

Entonces, ¿qué tiene que decir la Biblia sobre el socialismo, si es que tiene algo que decir? ¿Qué pasaje bíblico apoya la idea de que las enseñanzas de Jesús están en línea con el socialismo moderno? Este trabajo examinará con gran cuidado lo que la Biblia tiene que decir sobre el tema. Y lo que Jesús tiene que decir en sus propias palabras. Y con la ayuda de su enseñanza, que a menudo tomó la forma de historias o parábolas.

Una cosa es segura: cualquiera que crea que el mensaje de Jesús puede reducirse (disminuir en tamaño) a ámbitos terrenales como la filosofía, la ideología o la política está leyendo una Biblia muy diferente a la del resto de nosotros.

«Porque mis pensamientos no son los de ustedes ni sus caminos son los míos», afirma el SEÑOR (Isaías 55:8).

En cambio, este trabajo se sumergirá profundamente en las muchas veces y muchas maneras en que Jesús habla sobre estas cosas que consumen a la humanidad cuando se trata de nuestra vida diaria en torno a la riqueza, o la falta de ella. Este trabajo abarcará muchos temas, incluida la riqueza y la pobreza, la propiedad y la propiedad comunitaria, el libre albedrío y la coerción, la envidia y la avaricia, y por último, la escasez y la abundancia. Y con la enseñanza de Jesús, y las Escrituras, como telón de fondo.

La esperanza es que más pastores y más cristianos pasen tiempo pensando y orando, y hablando y enseñando, sobre el llamado de Jesús a nuestros corazones cuando se trata de estos asuntos tan importantes.

CRISTO Y EL JOVEN RICO
DE HEINRICH HOFMANN, 1889

CAPÍTULO 1: ¿JESÚS (DIOS) ODIA EL DINERO Y LA RIQUEZA?

Vayamos al grano: los socialistas utilizan como munición varias historias de la Biblia que parecen apoyar su afirmación de que Jesús odiaba la riqueza y el dinero. Que Jesús odiaba a los ricos. Pero, ¿es cierto? ¿Qué dicen y significan realmente esas historias, muchas de las cuales conocemos? En lugar de hablar de las historias, examinémoslas primero.

El primer versículo y el más conocido sobre la riqueza es la historia del joven rico que se acerca a Jesús en busca de consejo. Aparece en los libros de Mateo, Lucas y Marcos. Aquí está la historia tal como apareció en este último:

> *Cuando Jesús estaba ya para irse, un hombre llegó corriendo y se arrodilló delante de él. «Maestro bueno —le preguntó—, ¿qué debo hacer para heredar la vida eterna?»*
>
> *«¿Por qué me llamas bueno? —respondió Jesús—. Nadie es bueno sino solo Dios. Ya sabes los mandamientos: "No mates, no cometas adulterio, no robes, no presentes falso testimonio, no defraudes, honra a tu padre y a tu madre"».*

«Maestro —dijo el hombre—, todo eso lo he cumplido desde que era joven».

Jesús lo miró con amor y añadió: «Una sola cosa te falta: anda, vende todo lo que tienes y dáselo a los pobres, y tendrás tesoro en el cielo. Luego ven y sígueme».

Al oír esto, el hombre se desanimó y se fue triste porque tenía muchas riquezas (Marcos 10:17-22).

Es una historia notable, que comienza con una pregunta importante que los buenos cristianos, e incluso las buenas personas que no son cristianas, se han estado haciendo desde el principio de los tiempos: «¿Qué debo hacer para heredar la vida eterna?»

Jesús le pregunta al joven si conoce los mandamientos y luego recita varios de ellos. El joven rico responde rápidamente que ha cumplido todos los mandamientos que Jesús enumeró, y lo ha hecho desde que era un niño. Este joven era sin duda un buen tipo y un buen judío.

Antes de darle más instrucciones al joven rico, Jesús, según Marcos, «lo miró con amor». Qué frase tan poderosa:

Jesús lo miró con amor… (Marcos 10:21a).

Jesús vio a este joven rico como realmente era, como nos ve a todos nosotros. Y lo amó porque el joven tenía un anhelo honesto y sincero de llegar al cielo. De ser tan buen hombre como pudiera serlo a los ojos de Jesús.

Pero Jesús también sabía que este joven rico tenía un fuerte apego a su dinero. ¿Cómo lo sabía? Porque Jesús conoce nuestros corazones, y ve y sabe lo que nosotros no podemos ver. En este contexto, por amor al joven rico, Jesús le pide que renuncie a todo. Que venda sus posesiones y se las dé a los pobres.

Y tendrás tesoro en el cielo. Luego ven y sígueme (Marcos 10:21b).

Cuando el joven escuchó la instrucción de Jesús, leemos que «su rostro se desanimó» y que «se fue triste». Se fue triste porque había *escuchado* el mandato de Jesús, pero no podía *obedecerlo*.

Resultó que su amor por sus posesiones —la comodidad y seguridad que le proporcionaban— era demasiado para desprenderse de ellas. Su apego emocional a su riqueza y estatus prevaleció ante su disposición a seguir las palabras de Jesús. No es de extrañar que «se fuera triste».

¿Qué le estaba enseñando Jesús al joven con este encuentro? ¿Y por qué lo hizo de la manera en que lo hizo? Jesús quería ver si el joven amaba su riqueza más que a Dios. Jesús quería ver si el joven *adoraba* su riqueza. Si el joven había hecho un *ídolo falso* de sus riquezas. En resumen, Jesús quería ver si el joven entendía los dos primeros mandamientos, de suma importancia:

1: No tengas otros dioses además de mí.
2: No te hagas ninguna [imagen] (Éxodo 20:3-4a).

Sorprendentemente, no se trataba de un hombre cualquiera que le daba consejos al joven rico. No era un hombre cualquiera que lo ponía a prueba, y lo probaba no para engañarlo o hacerle daño, sino por un profundo amor por él. Y para darle algo de crédito al joven rico, él le pidió consejo al hombre adecuado sobre cómo obtener la vida eterna. Pero no le gustó la respuesta de Jesús. El joven no podía renunciar a su tesoro, su riqueza y su dinero. Y en el fondo, él sabía que estaba mal. *Por eso* se alejó tristemente. Simplemente había ignorado el mandato de Jesús. Escogió su dinero por encima de Jesús, sus posesiones mundanas por encima de la eternidad.

En cada una de nuestras vidas, conocemos ese sentimiento. Ese sentimiento que nos invade cuando sabemos lo que Dios demanda de nosotros, lo que Jesús manda, y a pesar de eso, ponemos algo que atesoramos por encima de él. Nos ponemos tristes cuando eso sucede, si tenemos algún tipo de relación con Jesús, porque nos sentimos condenados. Nos ponemos tristes porque sabemos que lo que estamos haciendo está mal, pero nuestra carne nos domina. Escogemos nuestro reino terrenal y los deseos de la carne por encima del Reino eterno.

Es en este contexto que Jesús mira a su alrededor y les dice a sus discípulos estas impresionantes líneas:

Los discípulos se asombraron de sus palabras. «Hijos, ¡qué difícil es entrar en el reino de Dios! —repitió Jesús—. Le resulta más fácil a un camello pasar por el ojo de una aguja que a un rico entrar en el reino de Dios» (Marcos 10:24-25).

Si el joven rico hubiera adorado a su trabajo más que al Señor, o hubiera adorado a un deportista, estrella de rock, pasatiempo, esposa o pastor más que al Señor, la lección de la historia hubiera sido la misma. Jesús, en esta historia, no está condenando la riqueza; está condenando la adoración a la riqueza. Para ser más precisos, está cuestionando las prioridades del joven. Dios no era lo primero en la vida del joven rico, y *ese* era el punto.

El propósito de Jesús al pedirle al joven rico que entregara sus posesiones no era avergonzarlo, sino amarlo. El joven rico fue desafiado no por causa de Jesús, sino en su propio beneficio. El hecho es que nosotros, todos nosotros, somos los que sufrimos cuando ponemos la riqueza, el trabajo, la familia o cualquier otra cosa por encima de Dios. Porque cuando lo hacemos, subestimamos y hacemos más pequeña nuestra relación con Dios. El joven rico, de esta manera, somos todos nosotros. Él es todos nosotros cuando colocamos mal nuestras prioridades y no ponemos a Dios primero.

Es por eso que reducir esta compleja y hermosa historia a «Jesús odia la riqueza» es tan terrible. Y tan equivocado. Porque reduce la pura magnificencia de las enseñanzas de Jesús a una ideología política cruda.

Hablando de hombres ricos en la Biblia, es Abraham (conocido como *Abram* hasta que Dios le cambió el nombre en Génesis 17:5) quien tuvo la distinción de ser el primer hombre rico en Génesis.

Abram se había hecho muy rico en ganado, plata y oro (Génesis 13:2).

No había ninguna referencia previa a la riqueza de Abraham. Solo sabemos que él y su esposa empacaron sus maletas y tomaron todo lo que tenían y emprendieron el viaje. Abraham aceptó y siguió el mandato de Dios de dejar su tierra natal y viajar a una tierra que Dios algún día le mostraría. Dios le estaba pidiendo a este hombre de 75 años que hiciera un viaje épico a un lugar desconocido para él, ¡y Abraham simplemente obedeció!

Como Abraham pudo adquirir posesiones y sirvientes en Harán, no era un hombre pobre cuando dejó su hogar. Pero terminaría no solo siendo rico, sino como lo indica la Biblia, *muy* rico. Y todo debido a su obediencia al mandato de Dios. Su riqueza consistiría en más que riqueza material. Dios también le prometió a Abraham una familia grande llena de herederos. ¿Cuán grande?

Luego lo llevó afuera y continuó diciéndole: «Echa un vistazo al cielo y cuenta las estrellas, si es que puedes contarlas. ¡Así será tu descendencia!» (Génesis 15:5 BLPH).

Dios en esta historia quiere que sepamos que toda la verdadera riqueza, material y de otros tipos, proviene de él. No necesitamos

JOB RESTAURADO A LA PROSPERIDAD
DE LAURENT DE LA HYRE, 1648

esforzarnos por conseguir riquezas si tan solo creemos en él y lo ponemos en primer lugar. Y con el pleno entendimiento de que la visión de Dios sobre lo que constituye la riqueza es mucho más grande y mejor que la versión materialista que imaginamos los simples mortales.

El hecho es que el primer hombre rico, el primer hombre materialmente rico en la Biblia, hizo lo que Dios le pidió que hiciera. Abraham hizo lo que el joven rico en el Nuevo Testamento se negó a hacer: poner a Dios en primer lugar. Y usar la bendición de Dios, su riqueza, no para servirse a sí mismo sino para servir a Dios.

HISTORIAS DE OTROS HOMBRES RICOS EN LA BIBLIA

Hubo otros hombres ricos en la Biblia también. Job fue uno de ellos, un hombre con el que Dios estaba profundamente impresionado. ¿No me cree? Aquí están las propias palabras de Dios a Satanás sobre Job:

> *El Señor añadió: «¿Te has fijado en mi siervo Job? En la tierra no hay otro como él: es un hombre justo, honrado y respetuoso de Dios, y vive apartado del mal» (Job 1:8 BLPH).*

Todos conocen la historia. Satanás despojó a Job de todo lo que le importaba. Y a través de sus tribulaciones y pruebas, Job persistió y no perdió su fe en Dios. Al final de la historia, Job había llegado a un lugar en el que incluso había logrado orar por sus terribles amigos, esos tres amigos —Elifaz, Bildad y Zofar— que culparon a Job por sus pérdidas. Esos tres amigos juzgaron a Job y creyeron que debía haber hecho algo para sufrir tal pérdida y dolor. Ellos no sabían ni podían saber que Job estaba pasando por lo que estaba pasando precisamente por la razón opuesta: era *porque* era «perfecto y recto» que estaba experimentando tal adversidad. Y sin embargo, sus amigos no tuvieron problema en hablar en nombre de Dios, juzgándolo y condenándolo.

Habría sido fácil para Job resentirse con sus amigos, o incluso odiarlos. Pero la fe y la obediencia de Job triunfaron. En cambio, Job eligió orar por sus amigos. Y esto es lo que sucedió después:

> *Después de haber orado Job por sus amigos, el SEÑOR lo hizo prosperar de nuevo y le dio dos veces más de lo que antes tenía. Todos sus hermanos y hermanas, y todos los que antes lo habían conocido, fueron a su casa y celebraron con él un banquete. Lo animaron y lo consolaron por todas las calamidades que el SEÑOR había enviado, y cada uno de ellos le dio una pieza de plata y un anillo de oro.*
>
> *El SEÑOR bendijo más los últimos años de Job que los primeros, pues llegó a tener catorce mil ovejas, seis mil camellos, mil yuntas de bueyes y mil asnas. Tuvo también siete hijos y tres hijas (Job 42:10-13).*

¡Vaya! Hasta ahí llegó el odio de Dios hacia las riquezas. «El Señor bendijo más últimos años de Job que los primeros». Dios bendijo la vida de Job con riquezas, y no solo riquezas materiales, sino con siete hijos y tres hijas, el número exacto de los que había perdido como resultado del ataque de Satanás.

En la Biblia hubo hombres incluso más ricos que Abraham y Job. A continuación se encuentra el obituario del rey David en la Biblia:

> *Y murió en buena vejez, lleno de días, de riquezas y de gloria... (1 Crónicas 29:28 RVR).*

La riqueza del hijo de David excedió incluso a la suya, y la Biblia describe con gran detalle las riquezas materiales de Salomón, riquezas que harían que hombres como Bill Gates o Jeffrey Bezos parecieran de clase media. Dios bendice a Salomón más allá de los sueños más locos de cualquier ser humano, pero Dios también le dio una advertencia.

> *Pero si ustedes o sus hijos dejan de cumplir los mandamientos y estatutos que les he dado, y se apartan de mí para servir y adorar a otros dioses, yo arrancaré a Israel de la tierra que le he dado y repudiaré el templo que he consagrado en honor de mi Nombre (1 Reyes 9:6-7).*

Entonces, ¿cómo comenzó esta relación? ¿Y de dónde surgieron estas riquezas? Recordemos que en 1 Reyes 3, leemos del amor de Salomón por el Señor, y es en este capítulo que Dios se le apareció a Salomón en un sueño y le dijo: «Pide lo que quieras que yo te dé» (1 Reyes 3:5 RVR). Dios le estaba dando a Salomón un cheque en blanco para tener todo lo que quisiera. ¿Qué pidió Salomón? No fue, como la mayoría de nosotros hubiéramos pedido, riquezas, fortuna, protección o poder.

> *Tú me has puesto a mí tu siervo por rey en lugar de David mi padre; y yo soy joven… Y tu siervo está en medio de tu pueblo al cual tú escogiste… Da, pues, a tu siervo corazón entendido para juzgar a tu pueblo, y para discernir entre lo bueno y lo malo (1 Reyes 3:7-9 RVR).*

¡Vaya! Salomón podría haber pedido cualquier cosa, pero se humilló ante el Señor y le pidió sabiduría. Leemos en el versículo 10 que las peticiones de Salomón agradaron a Dios, quien dijo lo siguiente:

He aquí lo he hecho conforme a tus palabras; he aquí que te he dado corazón sabio y entendido, tanto que no ha habido antes de ti otro como tú, ni después de ti se levantará otro como tú (1 Reyes 3:12 RVR).

Pero Dios no había terminado de bendecir a Salomón.

Y aun también te he dado las cosas que no pediste, riquezas y gloria, de tal manera que entre los reyes ninguno haya como tú en todos tus días. Y si anduvieres en mis caminos, guardando mis estatutos y mis mandamientos, como anduvo David tu padre, yo alargaré tus días (1 Reyes 3:13-14 RVR).

EL SUEÑO DE SALOMÓN
DE LUCA GIORDANO, 1694–1695

Lo que Dios le estaba diciendo a Salomón en el Antiguo Testamento, Jesús lo diría también, una y otra vez: «Búsquenme a mí primero. Pónganme a mí primero».

Mas buscad primeramente el reino de Dios y su justicia, y todas estas cosas os serán añadidas (Mateo 6:33 RVR).

Y conocemos el resto de la historia: el rey Salomón se desvió de los mandamientos de Dios. De hecho, desobedeció directamente a Dios, quien le había advertido que no se casara con mujeres de naciones extranjeras, ya que podrían hacer que adorara a sus propios dioses. Salomón se casó con ellas de todos modos, inspirando el castigo de Dios:

El Señor estaba muy enojado con Salomón, porque su corazón se había apartado del Señor, Dios de Israel, quien se le había aparecido dos veces. Le había advertido a Salomón específicamente que no rindiera culto a otros dioses, pero Salomón no hizo caso al mandato del Señor. En consecuencia, el Señor le dijo: «Ya que no has cumplido mi pacto y has desobedecido mis decretos, ciertamente te arrancaré el trono» (1 Reyes 11:9-11 NTV).

Fueron las mujeres las que metieron a Salomón en problemas, no su riqueza, ni la búsqueda de riquezas. En realidad, es muy probable que Salomón viera sus muchos matrimonios como una forma de fortalecer su reino. Era más que probable que su deseo de mantener la paz, preservar y expandir su poder político tuviera más que ver con la ruptura de Salomón con Dios que las mujeres mismas. Cualesquiera que fueran las motivaciones de Salomón, sexuales o políticas, o alguna combinación de las dos, la Biblia es bastante clara sobre lo que sucedió después.

En efecto, cuando Salomón llegó a viejo, sus mujeres le pervirtieron el corazón de modo que él siguió a otros dioses y no siempre fue fiel al SEÑOR su Dios como lo había sido su padre David (1 Reyes 11:4).

Para Jesús no importa si pones el dinero, las mujeres, el trabajo o cualquier otra cosa antes que Dios. Uno de los proverbios del propio Salomón lo dice mejor:

Hay camino que al hombre le parece derecho, pero su fin es camino de muerte (Proverbios 14:12 RVR).

SERMÓN DE LA MONTAÑA
DE CARL BLOCH, 1877

Aquí hay que señalar un punto importante. En ninguna parte de la Biblia poner a Dios en primer lugar significa que automáticamente obtendremos riqueza en el sentido material de la palabra. Eso es una tontería. Es lo que algunos llaman «el evangelio de la prosperidad», y convierte la adoración a Jesús en una especie de programa de televisión en el que se reparten premios en efectivo a los ganadores. Jesús no es ese tipo de Salvador.

Cuando Jesús dijo «todas las cosas os serán añadidas», no garantizó que tendríamos grandes riquezas o posesiones materiales, sino que ya no tendríamos que preocuparnos por las provisiones básicas de nuestra vida. Jesús quiere que confiemos que el Padre celestial nos provee a nosotros (a sus hijos) y que confiemos en él porque sabemos que nos valora mucho. En lugar de preocuparnos, busquémoslo. Ese es su mensaje.

Pero también aprendemos de las Escrituras que la riqueza material no es mala en sí misma. Es el amor al dinero lo que es malo. Poner nuestras riquezas y posesiones materiales por encima de Dios es el gran pecado. Adorar las riquezas o las posesiones es el gran pecado, y es un pecado porque nos separa de Dios.

Lo que hizo el joven rico fue poner sus posesiones materiales por encima de Dios. Y eso es algo de lo que todos somos capaces. Y no sólo posesiones materiales, sino cosas que nos poseen. Cosas de este mundo que nos poseen. Muchas personas ponen su trabajo antes que a Dios. El trabajo, como aprenderemos más adelante, es algo piadoso e importante, y algo que las Escrituras exigen. Es cuando ponemos nuestro trabajo por encima de Dios, cuando adoramos nuestro trabajo, que nos metemos en problemas. Puede ser incluso un hogar, un cónyuge, hijos. O una buena causa. Y eso sin contar las cosas muy malas que podemos poner fácilmente antes que a Dios: cosas sexuales, drogas y alcohol. Y también el deseo de dinero y poder, todo lo cual, cuando se adora o se abusa de él, puede separarnos de Dios.

El mensaje primordial de Jesús fue que ciertamente podemos disfrutar de las bendiciones del mundo terrenal. Pero que no podemos convertir esas bendiciones en ídolos falsos o dioses falsos. Jesús es muy claro en este punto:

Nadie puede servir a dos señores, pues menospreciará a uno y amará al otro o querrá mucho a uno y despreciará al otro. Ustedes no pueden servir a la vez a Dios y a las riquezas (Mateo 6:24).

Esas palabras, parte de su Sermón del Monte, fueron claras acerca del dinero: no puede gobernar tu vida. Jesús también dijo que era una tontería acumular tesoros en la tierra donde «la polilla y el orín destruyen y donde ladrones minan y hurtan» (Mateo 6:19) y nos suplicó a almacenar nuestro tesoro en el cielo, donde durará para siempre. Como nos recuerda Pablo en Romanos 6:16, un amo es cualquier cosa que nos esclaviza. Puede ser el dinero, pero también el trabajo, la lujuria, el sexo, el alcohol, el estatus y el poder. No podemos servir a dos señores, nos advierte Jesús, porque inevitablemente terminaremos odiando a uno y amando al otro. Porque dos amos exigen dos tipos diferentes de lealtades que, tarde o temprano, entrarán en conflicto. El Señor va en una dirección, y nuestra carne y el mundo, en la otra.

Pablo recuerda a los creyentes que nuestra vieja naturaleza fue crucificada con Jesús en la cruz para que ya no seamos esclavos del pecado. De una manera muy práctica, Pablo nos muestra cómo dejar de permitir que el pecado reine en nuestras vidas al comparar ser esclavo del pecado con ser esclavo de Dios. Hay buenas y malas noticias en este mensaje, y aquí está la mala noticia primero: todos somos esclavos. La buena noticia es que podemos elegir a nuestro amo.

Hay algo que sabemos con certeza: ni una sola vez Jesús ni Dios intentan hacer una guerra de clases entre los seres humanos. Lo que Jesús, lo que la Biblia, nos desafía rutinariamente a todos a hacer, ricos y pobres y también de clase media, es poner nuestra propia casa en orden. Nuestra propia vida en orden. Nuestras propias prioridades en orden. Nuestros propios corazones en orden.

Jesús habló de esta verdad sencilla y profunda:

Porque donde esté tu tesoro, allí estará también tu corazón (Mateo 6:21).

Las advertencias de la Biblia contra las riquezas eran, de hecho, advertencias contra vidas y corazones que están desordenados. Que no se centran primero y ante todo en Dios.

LOS CAMBISTAS EN EL TEMPLO: LA HISTORIA DETRÁS DE LA HISTORIA

Otra historia bíblica favorita utilizada por las personas que creen que Jesús era socialista es la historia de los cambistas de dinero en el templo. Vale la pena leer esta historia.

Y entró Jesús en el templo de Dios, y echó fuera a todos los que vendían y compraban en el templo, y volcó las mesas de los cambistas, y las sillas de los que vendían palomas; y les dijo: «Escrito está: "Mi casa, casa de oración será llamada"; mas vosotros la habéis hecho cueva de ladrones» (Mateo 21:12-13 RVR).

Era casi la época de la Pascua judía, como aprendemos en Juan 2:13-15. Jesús fue a Jerusalén y al llegar al templo encontró a personas que vendían ganado, ovejas y palomas y a otros sentados en las mesas intercambiando dinero. Jesús estaba tan enojado, según

CRISTO EXPULSA A LOS CAMBISTAS DEL TEMPLO
DE EL GRECO, 1570

vemos en el relato de Juan, que hizo un azote de cuerdas y echó a todos del templo (Juan 2:15).

Jesús estaba enojado con razón por lo que vio que estaba sucediendo en un espacio sagrado que estaba apartado del mundo. Él vio que el rango de actividad comercial que se desarrollaba en el templo ciertamente corrompía la santidad del lugar, y siempre debemos recordar que santidad significa «ser apartado».

Un comentarista, D. A. Carson, lo explicó mejor.

En lugar de la solemne dignidad y el murmullo de la oración, se escucha el mugido del ganado y el balido de las ovejas. En lugar de quebrantamiento y contrición, santa adoración y prolongada petición, se escucha un comercio ruidoso.[2]

Jesús estaba enojado no porque se estuvieran realizando transacciones comerciales y préstamos de dinero. Estaba enojado por el *lugar* donde se estaban realizando. Era la *ubicación* de la actividad con la que Jesús tenía un problema, no con las transacciones comerciales ni con los préstamos. Y también estaba enojado *por el motivo* por el que se estaban realizando transacciones comerciales. La venta de sacrificios enfureció a Jesús, y las ganancias que se obtenían de la *venta* de esos sacrificios.

De hecho, ni una sola vez en la Biblia Dios o Jesús condenan el comercio o el trueque, ya que era la forma en que se realizaba gran parte del comercio en aquellos tiempos antiguos. Así era como se vivía la vida, como se debía vivir la vida. Ni una sola vez Jesús expulsa a los prestamistas de un banco o de cualquier otro lugar comercial. Porque Jesús comprendía que las monedas permitían a las personas intercambiar sus bienes y servicios, aportar valor a su trabajo y a sus medidas comunes, vivir, sobrevivir e incluso prosperar.

LA HISTORIA DE LA RIQUEZA EN LA BIBLIA QUE ODIAN LOS SOCIALISTAS

Una historia de la Biblia que los socialistas deploran por completo es la parábola de los talentos (Mateo 25:14-30). Los socialistas y quienes afirman que Jesús odiaba el dinero y la riqueza, evitan este pasaje o pretenden que el pasaje no existe, tal es su deseo de que Jesús no hubiera contado esta historia. Tal es el odio que tienen hacia esta historia. Pero cuéntela, Jesús lo hizo. En un momento analizaremos por qué la contó. Pero repasemos toda la historia y leámosla en voz alta, porque es muy importante.

La historia que Jesús cuenta comienza con un hombre que emprende un largo viaje. Antes de partir, llama a sus siervos y les confía su propiedad. Les confía su dinero, sus «talentos», como se medía y se llamaba el dinero en esos días, mientras él estaba ausente.

> *Porque el reino de los cielos es como un hombre que yéndose lejos, llamó a sus siervos y les entregó sus bienes. A uno dio cinco talentos, y a otro dos, y a otro uno, a cada uno conforme a su capacidad; y luego se fue lejos. Y el que había recibido cinco talentos fue y negoció con ellos, y ganó otros cinco talentos. Asimismo el que había recibido dos, ganó también otros dos. Pero el que había recibido uno fue y cavó en la tierra, y escondió el dinero de su señor. Después de mucho tiempo vino el señor de aquellos siervos, y arregló cuentas con ellos.*
>
> *Y llegando el que había recibido cinco talentos, trajo otros cinco talentos, diciendo: Señor, cinco talentos me entregaste; aquí tienes, he ganado otros cinco talentos sobre ellos.*
>
> *Y su señor le dijo: «Bien, buen siervo y fiel; sobre poco has sido fiel, sobre mucho te pondré; entra en el gozo de tu señor».*

Llegando también el que había recibido dos talentos, dijo: «Señor, dos talentos me entregaste; aquí tienes, he ganado otros dos talentos sobre ellos».

Su señor le dijo: «Bien, buen siervo y fiel; sobre poco has sido fiel, sobre mucho te pondré; entra en el gozo de tu señor».

Pero llegando también el que había recibido un talento, dijo: «Señor, te conocía que eres hombre duro, que siegas donde no sembraste y recoges donde no esparciste; por lo cual tuve miedo, y fui y escondí tu talento en la tierra; aquí tienes lo que es tuyo».

Respondiendo su señor, le dijo: «Siervo malo y negligente, sabías que siego donde no sembré, y que recojo donde no esparcí. Por tanto, debías haber dado mi dinero a los banqueros, y al venir yo, hubiera recibido lo que es mío con los intereses. Quitadle, pues, el talento, y dadlo al que tiene diez talentos. Porque al que tiene, le será dado, y tendrá más; y al que no tiene, aun lo que tiene le será quitado. Y al siervo inútil echadle en las tinieblas de afuera; allí será el lloro y el crujir de dientes» (Mateo 25:14-30 RVR).

¡Qué historia! Ahora es el momento de analizarla. Notemos para empezar que no les dio a los tres hombres cantidades iguales de talentos. ¡Eso a primera vista parecía realmente injusto! Y peor aún, esa distribución desigual de talentos por parte del amo, desde un punto de vista humano común, podría poner a los tres siervos unos contra otros. Esa distribución injusta y desigual del amo podría crear resentimiento entre los siervos. Y un resentimiento hacia el amo, también.

Pero Jesús explica por qué el amo hizo lo que hizo. Se les dio diferentes cantidades de talentos, señaló Jesús, «a cada uno conforme a su capacidad», en resumen, cuando se trataba de manejar el dinero, cuando se trataba de administrar el dinero, él creía que los hombres tenían diferentes habilidades.

Observe también que el amo en la historia no usó la palabra *invertir* sino la palabra *confiar*. Él confió a estos hombres su riqueza. Lo que dos de ellos decidieron hacer correctamente fue invertir, lo mejor que pudieron, la riqueza de su amo. Y por el bien del amo, no por el suyo propio.

Los hombres usaron la capacidad que Dios les dio para aumentar lo que habían recibido para su amo. No para usarlo para sí mismos o consumirlo, para hacer algún tipo de gasto o ir de compras, sino para hacer crecer lo que el amo les había dado.

La historia se vuelve realmente interesante cuando el amo de los sirvientes regresa después de su largo viaje lejos de casa para ajustar cuentas con los tres hombres. Los primeros dos hombres informan que habían duplicado el dinero del amo, y a ambos, el amo les dice las mismas palabras:

LA PARÁBOLA DE LOS TALENTOS O MINAS DE WILLEM DE POORTER, SIGLO XVII

Bien, buen siervo y fiel; sobre poco has sido fiel, sobre mucho te pondré; entra en el gozo de tu señor (Mateo 25:21, 23 RVR).

Si Jesús odiaba el dinero y la riqueza, o el dinero invertido adecuadamente para ganar más dinero, no muestra tal aversión por ello en esta historia. Porque los corazones de cada uno de estos hombres estaban fijos en su amo, y no en sí mismos.

Pero las cosas se ponen aún más interesantes cuando el tercer hombre se acerca a su amo. Observe cómo comienza, porque comienza con el hombre juzgando a su amo. Comienza con sus duras palabras hacia su amo por alguna queja o desaire no percibido:

Señor, te conocía que eres hombre duro, que siegas donde no sembraste y recoges donde no esparciste (Mateo 25:24 RVR).

Esta no es la manera de impresionar a un jefe, por supuesto, diciéndole que es un «hombre duro». Ciertamente, no es una manera de impresionar a nuestro verdadero Maestro, Jesús. Conocemos a hombres y mujeres así que se quejan sin parar de su suerte en la vida, de la injusticia de la vida y de la injusticia de Dios porque algunos parecen tener más de esto o aquello que otros. Más dinero. Más amor. Más amistades. Más familia. Más alegría. Más y mejor salud.

Después de insultar a su amo, el tercer hombre explica por qué cavó un hoyo en la tierra y escondió el dinero de su amo:

Tuve miedo, y fui y escondí tu talento en la tierra (Mateo 25:25 RVR).

El miedo impulsó al tercer hombre a enterrar el dinero de su amo. Y el miedo, como sabemos, es ámbito de Satanás, no del Señor. Pasaje tras pasaje de la Biblia trata sobre el espíritu de temor.

Porque no es un espíritu de cobardía el que Dios nos otorgó, sino de fortaleza, amor y dominio de nosotros mismos (2 Timoteo 1:7 BLPH).

No se turbe vuestro corazón ni tenga miedo (Juan 14:27 RVR).

Depositen en él toda ansiedad, porque él cuida de ustedes (1 Pedro 5:7).

No temas, porque yo estoy contigo; no desmayes, porque yo soy tu Dios que te esfuerzo; siempre te ayudaré... (Isaías 41:10 RVR).

Y este puede ser el mejor de todos los pasajes sobre el temor y cómo se relaciona con el tercer hombre:

En el amor no hay temor, sino que el amor perfecto echa fuera el temor. El que teme espera el castigo, así que no ha sido perfeccionado en el amor (1 Juan 4:18).

El tercer hombre hizo lo que hizo por temor, y actuó por temor porque no amaba debidamente a su amo como lo habían hecho los otros dos hombres. Los otros dos hombres se arriesgaron a perder el dinero de su amo porque la alternativa —esconder su dinero en la tierra— era peor. Y peor porque se basaba en el miedo. Los primeros dos hombres no temían a su amo, lo amaban. El tercer hombre temía a su amo precisamente por la razón opuesta: porque no lo amaba.

El amo no estaba contento con el esfuerzo de su siervo ni con las razones de su pobre desempeño. Y aquí es donde la historia se pone realmente interesante, porque el amo realmente castiga duramente al tercer hombre. Y nuevamente, es Jesús mismo quien cuenta esta historia. El amo llama al tercer siervo «siervo malo y negligente», y a partir de ahí, la cosa empeora:

Por tanto, debías haber dado mi dinero a los banqueros (Mateo 25:27 RVR).

Básicamente, el amo está diciendo: «Si desconfiabas tanto de mí, ¿por qué al menos no sacas algún interés de él?» Pero los sentimientos del tercer hombre hacia el amo eran tan odiosos y amargos, y estaba tan lleno de temor, que ni siquiera se molestó en poner el dinero en un banco para obtener algún interés.

Entonces vino el veredicto final del amo en la historia de Jesús, y es por eso que los socialistas y los críticos de la desigualdad de los resultados de la riqueza realmente odian este pasaje. Porque en realidad aumenta la desigualdad de la riqueza entre estos tres hombres, no la disminuye.

Quitadle, pues, el talento, y dadlo al que tiene diez talentos. Porque al que tiene, le será dado, y tendrá más; y al que no tiene, aun lo que tiene le será quitado. Y al siervo inútil echadle en las tinieblas de afuera; allí será el lloro y el crujir de dientes (Mateo 25:28-30 RVR).

¿Por qué contó Jesús esta historia? ¿Y qué podemos aprender de ella? Para empezar, Dios nos ha bendecido a todos con diferentes talentos. Nos ha creado a todos de manera diferente y única. En resumen, Dios reconoce nuestra singularidad y circunstancia individual. Él quiere que nosotros también entendamos eso. Cuando comparamos nuestros talentos (nuestras circunstancias con las de los demás y nuestros talentos o riqueza o cualquier otra cosa con las de los demás), la envidia es el resultado inevitable y desagradable. Y sabemos lo que Jesús (y lo que la Biblia) dice acerca de la envidia.

La otra cara de la envidia es un falso sentido de derecho, y esta historia también aborda eso. Observe que el hombre que recibió cinco talentos no pensó que era superior a los otros dos hombres. Tenía tres talentos más que el segundo hombre, y cuatro talentos más que el tercero. Fácilmente podría haber llegado a la conclusión de que de alguna manera merecía esos talentos, que de alguna manera era mejor que esos otros dos hombres, y que eran suyos para usarlos o gastarlos libremente en sí mismo. Pero no hizo nada de eso, y puso esos cinco talentos a trabajar para su amo. Y su amo estaba contento. Contento de que su siervo sirviera a los talentos del amo (servir al dinero y la propiedad del amo) en lugar de lo contrario: que el dinero de ese amo sirviera a su siervo.

El más interesante de los tres hombres, para este debate, es el segundo sirviente. No está amargado porque recibió mucho menos que el primero: más del cincuenta por ciento menos. No se queja ni se lamenta. Y tampoco juzga a su amo con dureza. No llama a su amo «un hombre duro» por darle menos y no tiene miedo de invertir el dinero de su amo como lo hizo el tercer hombre.

En cambio, toma lo que su amo le dio y hace lo mejor que puede con ello, tal como lo hizo el primer sirviente. Y como el primer sirviente, duplica el dinero de su amo. En resumen, no permite que lo que no tiene se interponga en el camino de hacer lo mejor con lo que sí tiene. Hace lo mejor con lo que Dios le ha dado. Estaba agradecido *por lo que tenía*, en lugar de ser ingrato por lo que no tenía.

Un enfoque en el trato desigual de su amo habría tenido el efecto opuesto en el segundo sirviente. Por eso su historia es quizás la más importante de los tres siervos.

Lo que revela esta historia es esto: cuando pensamos en la desigualdad en el reino terrenal, en lugar de en el reino de Dios, podemos meternos en problemas fácilmente. Dios mismo nos creó desiguales en nuestros talentos, pero nos ama por igual. Y de manera única. Nuestro trabajo en la tierra es mantener nuestros ojos en él. Y amar a nuestro prójimo, no competir contra él, ni compararnos a nosotros mismos y nuestras vidas con las de él.

También aprendemos de esta historia que si no usamos adecuadamente nuestros talentos, podemos perderlos. Esta es una parte de la historia que no parece muy cristiana a primera vista.

Porque al que tiene, le será dado, y tendrá más; y al que no tiene, aun lo que tiene le será quitado (Mateo 25:29 RVR).

Las palabras de Jesús aquí suenan duras, pero revelan una verdad que todos conocemos y entendemos por experiencia de la vida real. Si dejas de hacer ejercicio durante mucho tiempo, pierdes tu resistencia. Si no te mantienes al día con un idioma extranjero, lo pierdes. Todos sabemos que podemos perder amistades con el tiempo si no las cultivamos. El hecho es que Satanás quiere robarnos nuestros talentos, los talentos que Dios derramó en nosotros, utilizando el miedo, la envidia, la pereza, la ociosidad y todos los demás pecados concebibles. Nuestro trabajo es ser buenos administradores de los talentos con los que Dios ha bendecido a todos y cada uno de nosotros.

EL BUEN SAMARITANO
DE REMBRANDT, 1633

CAPÍTULO 2: ¿AYUDAR A LOS POBRES POR ELECCIÓN O POR COERCIÓN? ¿POR AMOR O COMPULSIÓN?

Una vez más, como hicimos con el capítulo sobre la riqueza, vayamos al grano en la cuestión de la pobreza y lo que Jesús esperaba de nosotros en lo que respecta a ayudar a los pobres. Es una frase que ha sido utilizada y mal utilizada por cristianos y no cristianos por igual para indicar la postura de Jesús sobre la pobreza:

A los pobres siempre los tendrán con ustedes, pero a mí no siempre me tendrán (Juan 12:8).

Jesús lo dice claramente: los pobres siempre estarán aquí en la tierra y estarán aquí porque él lo dijo. No dijo que los pobres siempre estarán con nosotros hasta que los seres humanos acabemos con la pobreza en todas partes del mundo para siempre. Ese no fue su mandato para nosotros. Fue ayudar a los pobres, no acabar con la pobreza. Si Jesús realmente hubiera querido eliminar la pobreza en su tiempo, ni hablar del nuestro, ciertamente podría haberlo hecho. Después de todo, él era Jesús.

Entonces, ¿cuál era la intención de Jesús cuando dijo que los pobres siempre estarán con nosotros? Y nuevamente, hago hincapié en la palabra *siempre*. Esta frase, y esta palabra, han sido utilizadas por algunos para absolverse de cualquier responsabilidad de ayudar a los pobres porque creen que la pobreza es inevitable, así que ¿para qué molestarse en ayudar? Eso es un error, y uno trágico, bíblicamente hablando.

Otros utilizan esta frase para impulsar planes masivos de redistribución de la riqueza a través de la acción gubernamental para erradicar la pobreza. Esas personas también están equivocadas, de manera trágica, bíblicamente hablando.

Es importante observar la famosa y frecuentemente citada frase de Jesús sobre los pobres en su contexto completo. Aquí está, también vale la pena leerla en voz alta:

EL UNGÜENTO DE LA MAGDALENA
DE JAMES TISSOT, 1900

Seis días antes de la Pascua llegó Jesús a Betania, donde vivía Lázaro, a quien Jesús había resucitado. Allí se dio una cena en honor de Jesús. Marta servía y Lázaro era uno de los que estaban a la mesa con él. María tomó entonces como medio litro de nardo puro, que era un perfume muy caro, y lo derramó sobre los pies de Jesús, secándoselos luego con sus cabellos. Y la casa se llenó de la fragancia del perfume.

Judas Iscariote, que era uno de sus discípulos y que más tarde lo traicionaría, objetó: «¿Por qué no se vendió este perfume? Pudo haberse vendido por el salario de más de un año de trabajo y dárselo a los pobres».

Dijo esto no porque se interesara por los pobres, sino porque era un ladrón y, como tenía a su cargo la bolsa del dinero, acostumbraba a robarse lo que echaban en ella. «Déjala en paz —respondió Jesús—. Ella ha estado guardando este perfume para el día de mi sepultura. A los pobres siempre los tendrán con ustedes, pero a mí no siempre me tendrán» (Juan 12:1-8).

¡Qué historia! Y no tiene nada de simple. No se puede sacar de ella ninguna lección sencilla ni fácil, excepto esta: a Jesús le encanta cuando nos entregamos genuinamente y voluntariamente, y desde lo más profundo de nuestro corazón.

La historia comienza con una gran cena para honrar a Jesús, quien había llegado a Betania y había resucitado a Lázaro de entre los muertos. Hablando de milagros, el propio Lázaro estaba entre los que estaban en la mesa de la cena participando de la fiesta.

María decide honrar a Jesús cuidando sus pies cansados y desgastados, lo cual era una señal de sumisión y servidumbre. Los pies de Jesús no están cubiertos con calcetines y botas de montaña acolchadas, no son los pies mimados de hoy, seguro. Pero eso no impide que María derrame su perfume. No es un perfume cualquiera el que derramó sobre los pies de Jesús; es un perfume *caro*. Perfume, según dice Judas, que vale el salario de un año.

Después de derramar su costoso perfume sobre los pies de Jesús, procede a secarlos con su cabello. ¡Su cabello! ¡Qué acto de servidumbre y sumisión!

Luego viene la reacción enojada de Judas:

Pudo haberse vendido por el salario de más de un año de trabajo y dárselo a los pobres (Juan 12:5).

Judas pregunta esto, reprendiendo a María y dejando que todos en la cena sepan el valor real del perfume que él cree que ella está desperdiciando en los pies de Jesús. Pero tan pronto como Judas reprende a María, Jesús reprende a Judas:

Déjala en paz —respondió Jesús—. Ella ha estado guardando este perfume para el día de mi sepultura (Juan 12:7).

«¡Déjala!» Jesús le dice a Judas frente a una multitud: ¡Ay! ¿Por qué Jesús le llama la atención a *Judas* tan rápidamente? ¿Qué sabe él sobre la situación, y sobre Judas *y* María, que la gente que estaba mirando no sabía, o no podía saber?

Es simple: Jesús conocía el *corazón* de Judas. Y también conocía el *corazón* de María. Sabía que María no estaba presumiendo con su muestra de generosidad, que no era orgullosa ni derrochadora cuando hizo su ofrenda a Jesús. Jesús sabía que el deseo de María de complacerlo provenía de un lugar bueno y virtuoso. Jesús también conocía el corazón de Judas. Aunque Judas afirmó que estaba regañando a María por desperdiciar un recurso precioso y valioso, Jesús conocía la verdadera intención de Judas. Sabía que Judas estaba *fingiendo* preocuparse por los pobres y la usaba para robarles. Jesús sabía que Judas era un ladrón que llenaba sus bolsas con dinero destinado a los pobres.

JESÚS Y JUDAS
DE GIOTTO, 1304

¡Y sabía estas cosas sobre María y Judas porque él era Jesús! Él conocía sus corazones. Él también conoce nuestros corazones. De eso se trata *realmente* esta historia. De nuestros corazones.

Jesús sabe cuándo damos generosamente. Sabe cuándo damos para presumir o por orgullo. Conoce a aquellos de nosotros que afirmamos preocuparnos por los pobres, pero en realidad no les damos nuestros propios y preciosos recursos: nuestro dinero y nuestro tiempo. Jesús conoce a las personas que afirman ayudar a los pobres y también les roban. También conoce a las personas que usan su preocupación declarada por los pobres para ganar poder e incluso para mantener a los pobres sumidos en su pobreza. Y sabe cuándo no les damos nada en absoluto a los pobres, ni en palabras, ni en pensamientos ni en hechos. Sabe todo esto.

Fue en este contexto que Jesús termina su breve enseñanza con la famosa y a menudo citada frase: «Siempre tendréis pobres con vosotros».

Jesús estaba citando las Escrituras cuando pronunció esa frase, que la gente podría haber conocido por la Torá, y que luego se convertiría en el Antiguo Testamento:

> *Cuando haya en medio de ti menesteroso de alguno de tus hermanos en alguna de tus ciudades, en la tierra que Jehová tu* Dios *te da, no endurecerás tu corazón, ni cerrarás tu mano contra tu hermano pobre, sino abrirás a él tu mano liberalmente, y en efecto le prestarás lo que necesite. [...] Porque no faltarán menesterosos en medio de la tierra; por eso yo te mando, diciendo: «Abrirás tu mano a tu hermano, al pobre y al menesteroso en tu tierra» (Deuteronomio 15:7-8, 11 RVR).*

A lo largo de la Biblia hay llamados de este tipo, y a través del ministerio de Jesús mismo. Él nos manda a servir a los pobres y necesitados voluntariamente, con alegría y gozo. Pero en ninguna parte, ni en un solo caso, Jesús pide que obliguemos a alguien a ayudar a los pobres. La fuerza y la coerción, hay que repetirlo una y otra vez, no eran el camino de Jesús. La donación voluntaria y gozosa, con el corazón y la intención correctos, es el camino de Jesús. El amor, no la fuerza ni la compulsión, es el camino de Jesús.

JESÚS NO NACIÓ RICO

Siempre debemos recordar las circunstancias de la juventud de Jesús. Después de todo, nació en un pesebre, que es otra manera de decir que nació en un granero. Su padre adoptivo era un carpintero común, y en su ceremonia de purificación, sus padres eran tan pobres que no podían permitirse una oveja para el sacrificio, por lo que ofrecieron tórtolas, mucho menos costosas.

Sabemos por las Escrituras que Jesús amaba a los pobres, pero siempre debemos recordar que él vivió entre los pobres toda su vida. También pasó gran parte de su tiempo, especialmente durante su ministerio, con los ricos. Se alojaba en sus casas y los bendecía, y ellos lo bendecían a él y a otros con su generosidad. Jesús incluso pasó tiempo con los recaudadores de impuestos y fariseos ricos, y condenó a algunos de ellos, no porque poseyeran riquezas, sino porque sus riquezas los poseían a ellos.

Quizás la mejor de todas las historias de la Biblia sobre el mandato de dar a los pobres es la historia de la ofrenda de la viuda en el libro de Marcos:

> *Jesús se sentó frente al lugar donde se depositaban las ofrendas, y estuvo observando cómo la gente echaba sus monedas en las alcancías del Templo. Muchos ricos echaban grandes cantidades. Pero una viuda pobre llegó y echó dos moneditas de muy poco valor.*

Jesús llamó a sus discípulos y dijo: «Les aseguro que esta viuda pobre ha echado en el tesoro más que todos los demás. Porque todos ellos dieron de lo que les sobraba; pero ella, de su pobreza, echó todo lo que tenía, todo su sustento» (Marcos 12:41-44).

Observemos primero en esta historia que la obligación de servir a los pobres se aplica a *todos* nosotros, no solo a los ricos. La viuda pobre de la historia no se excluyó a sí misma del mandato de dar. Ella dio a los necesitados, como señaló Jesús, con mayor generosidad, en proporción a su riqueza, que incluso sus pares más ricos. Su sacrificio fue mayor a los ojos de Jesús. Su amor por los pobres era mayor. Su amor por el Señor también lo era.

Esta historia apunta a un tema bíblico crucial: cada hombre, mujer y niño tiene algo para dar. *Todos* podemos servir o ayudar a los más pobres y discapacitados físicamente entre nosotros.

LA OFRENDA DE LA VIUDA
DE JAMES TISSOT, 1850

Aquí hay otro caso en el que Jesús nos enseña acerca de su amor por los pobres, sin importar nuestra circunstancia, ricos o pobres, limpios o impuros. Es lo que está dentro, lo que está en nuestros corazones, lo que le importa a Jesús. Si nuestros corazones son rectos, daremos a los pobres y ayudaremos a los pobres por las razones correctas.

Aquí hay otro episodio en el que Jesús enseña sobre un tema similar: apariencias contra realidad. Es la escena en la Biblia donde Jesús castiga a los fariseos por su preocupación por las reglas y las apariencias externas en lugar de lo que está dentro de nosotros, en nuestros corazones:

> *Cuando Jesús terminó de hablar, un fariseo lo invitó a comer con él; así que entró en la casa y se sentó a la mesa. Pero el fariseo se sorprendió al ver que Jesús no había cumplido con el rito de lavarse antes de comer.*
>
> *«Resulta que ustedes los fariseos —les dijo el Señor— limpian el vaso y el plato por fuera, pero por dentro están llenos de robo y de maldad. ¡Necios! ¿Acaso el que hizo lo de afuera no hizo también lo de adentro? Den más bien a los pobres de lo que está dentro, y así todo quedará limpio para ustedes» (Lucas 11:37-41).*

Una y otra vez, escuchamos a Jesús hablar sobre ayudar a los pobres. En reiteradas ocasiones, él reprende a las personas, no por tener riquezas, sino por tener malos corazones como los fariseos en el pasaje anterior que estaban tratando de descalificar a Jesús como un rabino legítimo porque no estaba siguiendo las leyes y protocolos de higiene «correctos» del judaísmo.

Jesús no estaba preocupado por esas cosas. No le importan las apariencias externas ni nuestro estatus cultural o político, ciertamente no le importa si somos ricos, de clase media o pobres. Se preocupa por la actitud de nuestro corazón hacia aquellos que nos rodean y que están

LA CENA DE EMAÚS
DE REMBRANDT, 1648

en necesidad, y hacia él. Esto es crucial y nunca está demás repetirlo. Él conoce nuestros corazones. Y revelamos la actitud de nuestro corazón hacia él y hacia nuestro prójimo, especialmente aquellos que están necesitados y son pobres, cuando los servimos, cuando los amamos y cuando compartimos nuestra riqueza o nuestro tiempo con ellos.

EL BUEN SAMARITANO: UNA HISTORIA DE AMOR VOLUNTARIO

Una de las grandes historias de la Biblia es la parábola del buen samaritano, una historia que vale la pena leer en su totalidad, de principio a fin. Porque Jesús contó la historia por una razón. Siempre, Jesús contaba historias por una razón. Es nuestro trabajo discernir lo que él nos estaba enseñando.

En esto se presentó un experto en la Ley y, para poner a prueba a Jesús, se puso de pie y le hizo esta pregunta: «Maestro, ¿qué debo hacer para heredar la vida eterna?»

Jesús respondió: «¿Qué está escrito en la Ley? ¿Cómo la interpretas tú?»

Como respuesta el hombre citó: «Ama al Señor tu Dios con todo tu corazón, con todo tu ser, con todas tus fuerzas y con toda tu mente,» y «Ama a tu prójimo como a ti mismo».

«Bien contestado —dijo Jesús—. Haz eso y vivirás».

Pero él quería justificarse, así que preguntó a Jesús: «¿Y quién es mi prójimo?»

Jesús respondió: «Bajaba un hombre de Jerusalén a Jericó y cayó en manos de unos ladrones. Le quitaron la ropa, lo golpearon y se fueron, dejándolo medio muerto. Resulta que viajaba por el mismo camino un sacerdote quien, al verlo, se desvió y siguió de largo. Así también llegó a aquel lugar un levita y al verlo, se desvió y siguió de largo. Pero un samaritano que iba de viaje llegó adonde estaba el hombre y viéndolo, se compadeció de él. Se acercó, le curó las heridas con vino y aceite, y se las vendó. Luego lo montó sobre su propia cabalgadura, lo llevó a un aloja-miento y lo cuidó. Al día siguiente, sacó dos monedas de plata y se las dio al dueño del alojamiento. "Cuídemelo —le dijo—, y lo que gaste usted de más, se lo pagaré cuando yo vuelva"».

«¿Cuál de estos tres piensas que demostró ser el prójimo del que cayó en manos de los ladrones?»

«El que se compadeció de él» contestó el experto en la Ley.

«Anda entonces y haz tú lo mismo,» concluyó Jesús (Lucas 10:25-37).

¡Qué historia! Y qué comienzo de historia. El experto en la ley, el fariseo, le hace a Jesús la misma pregunta que el joven rico le hizo a Jesús:

¿Cómo heredaré la vida eterna?

Jesús hizo lo que mejor sabía hacer, que es responder a la pregunta con una pregunta propia. El experto en la ley la respondió correctamente: el camino a la vida eterna está escrito en la ley, que pide que amemos a Dios con todo nuestro corazón, alma y mente, y a nuestro prójimo como a nosotros mismos. Esta ha sido la respuesta correcta para los seguidores de Jesús desde entonces.

Y luego vino la siguiente pregunta, más complicada, del fariseo a Jesús:

¿Y quién es mi prójimo?

EL BUEN SAMARITANO
DE BALTHASAR VAN CORTBEMDE, 1647

Es en este contexto que Jesús responde a esa pregunta con la historia del buen samaritano.

Observemos primero que el samaritano se compadeció del hombre golpeado al costado del camino. Sintió compasión por él, pero ese sentimiento solo no habría hecho que la historia fuera lo que fue. Fueron las acciones del buen samaritano las que hicieron que esta historia fuera tan poderosa. Estas acciones fueron sin duda motivadas por su compasión, pero él actuó. Brindó atención y sanación al extraño herido, y también proporcionó transporte y alojamiento, hasta le pagó al posadero al día siguiente. En breve, el buen samaritano entregó todo para cuidar a un completo extraño.

Su corazón estaba completamente entregado, y también su mente, espíritu y cuerpo. Actuó por compasión y se comprometió a ayudar a un completo extraño en necesidad. Esto revela un mensaje profundo dentro de esta historia. La definición de «prójimo» es muy amplia para Jesús. No es simplemente a nuestro vecino de al lado a quien él nos manda amar, o a un miembro de nuestra iglesia, o a nuestro grupo de amigos, o a nuestra comunidad.

Observe también que en la historia, *dos* hombres pasaron al lado del hombre necesitado al costado del camino. En su último discurso antes de ser asesinado en Memphis, Tennessee, en 1968, el reverendo Dr. Martin Luther King Jr. dio su opinión sobre esos dos hombres, y por qué ellos no se detuvieron, pero el tercer hombre sí.

Es posible que esos hombres tuvieran miedo. Verá, el camino a Jericó es un camino peligroso. Recuerdo cuando la Sra. King y yo estuvimos por primera vez en Jerusalén. Alquilamos un auto y manejamos desde Jerusalén hasta Jericó. Y tan pronto como entramos en ese camino, le dije a mi esposa: «Puedo ver por qué Jesús usó esto como escenario para su parábola». Es un camino tortuoso y sinuoso. Es muy propicio para las emboscadas. Comienza en Jerusalén, que está a unas mil doscientas millas, o mejor dicho, a 754 metros sobre el nivel del mar. Y cuando llega a Jericó, quince o veinte minutos después, está a unos 276 metros bajo el nivel del mar. Es un camino peligroso. En los días de Jesús llegó a ser conocido como el «Paso Sangriento». Y sabe, es posible que el sacerdote y el levita miraran a ese hombre en el suelo y se preguntaran si los ladrones todavía estaban por allí. O es posible que sintieran que el hombre en el suelo simplemente estaba fingiendo. Y estaba actuando como si lo hubieran robado y herido, para atraparlos allí, atraerlos allí para atraparlos rápida y fácilmente. Y entonces la primera pregunta que hizo el sacerdote, la primera pregunta que hizo el levita fue: «Si me detengo para ayudar a este hombre, ¿qué me pasará?» Pero entonces llegó el buen samaritano y le dio la vuelta a la pregunta: «Si no me detengo a ayudar a este hombre, ¿qué le sucederá?».[3]

La formulación de King es excelente. El buen samaritano invirtió la inclinación humana a protegernos y a jugar a lo seguro. Estaba más preocupado por el bienestar del extraño que por el suyo propio, y es por eso que la historia es atemporal y tan poderosa. El buen samaritano superó su miedo para servir a los demás.

También superó los prejuicios de su época, y muy posiblemente sus propios prejuicios, porque los judíos y los samaritanos se odiaban desde hacía siglos. La disputa era profunda, lo que amplifica el poder de la historia del buen samaritano, porque el sacerdote y el levita que pasaron al lado del hombre al costado del camino eran judíos, y el hombre al que pasaron era judío. El buen samaritano, que no era judío, dejó de lado sus prejuicios y su intolerancia y brindó atención no solo a un extraño, sino a un hombre que consideraba su enemigo.

En esta historia, Jesús estaba ampliando la definición de lo que constituye un prójimo aún más de lo que descubrimos en el primer análisis. Aprendemos lo que realmente significa amar a tu prójimo como a ti mismo: amar también a tus enemigos.

Observe lo que *no* sucedió en esta historia. El buen samaritano *no* dejó al hombre al costado del camino y regresó a la ciudad para informar la lesión a la versión local de la policía o los médicos de la época. *No* llamó a ningún organismo de gobierno local para que cuidara al hombre herido, y *no* le pidió a alguien que lo hiciera por él. Actuó rápidamente, con su propio dinero y tiempo.

Ese es el verdadero corazón de esta historia; el buen samaritano ayudó *voluntariamente* a esta persona necesitada que nunca había conocido. Lo hizo por compasión y amor por el hombre. En ninguna parte de la historia tenemos la sensación de que actuó porque se sentía culpable por el hombre al costado del camino, o que le debía algo al hombre al costado del camino.

El buen samaritano no le pidió a nadie pagar por el alojamiento del hombre necesitado, lo cual podría haber hecho fácilmente. Fácilmente podría haberle contado al posadero todo lo que había sucedido y haberlo hecho sentir culpable para que pagara la estadía de la noche. En cambio, eligió pagar la estadía de la noche. Y fue un paso más allá en su acto espontáneo de generosidad, pidiéndole al posadero que cuidara al hombre durante los próximos días y accediendo a cubrir «cualquier gasto extra». El amor del buen samaritano por el hombre necesitado es lo que quedó en evidencia, al igual que el de María de Betania por Jesús y el de la viuda por los pobres.

¿Era el buen samaritano un hombre rico? No lo sabemos, pero no importa. Puso su dinero donde estaba su corazón; su dinero no era tan importante como la salud y el bienestar del hombre necesitado que tenía frente a él.

Como en todas las historias anteriores y posteriores, esta fue una historia de prioridades. El buen samaritano puso su amor por este extraño por encima de todo lo demás, revelando su verdadero corazón. Nadie lo dice mejor en ningún lugar de la Biblia que el apóstol Pablo:

Cada uno debe dar según lo que haya decidido en su corazón, no de mala gana ni por obligación, porque Dios ama al que da con alegría (2 Corintios 9:7).

Esta enseñanza —dar y amar a los demás con todo nuestro corazón— ha sido la esencia del cristianismo durante más de 2000 años. Nosotros, como seguidores de Jesús, debemos dar y cuidar a los pobres y necesitados entre nosotros, y hacerlo con alegría.

Dar voluntariamente de corazón es lo opuesto a las leyes impersonales del gobierno que obligan a dar. ¿Alguna vez ha conocido a alguien que haya pagado sus impuestos «con alegría»? Los pagamos obedientemente, pero ¿con alegría? Este no es un argumento en contra de los programas de bienestar social del gobierno mundano o en contra de los gobiernos que ayudan a los pobres. Es para dejar en claro lo que Jesús nos llama a todos a hacer: dar de *nuestro* tiempo, dinero y talentos, y darlos voluntariamente y con alegría.

Una vez más, la fuerza y a compulsión no son el camino de Jesús. El amor sí lo es. Amarlo a él y amar a nuestro prójimo, que incluye a los pobres, los necesitados, nuestros enemigos y a los muchos ricos necesitados que no conocen a Dios, era lo que Jesús quería decir.

El socialismo, en definitiva, es un sistema de organización de un gobierno. No tiene nada que ver con nuestros corazones individuales. No se trata de voluntariedad, de dar con alegría o de servir a nuestro Señor y Salvador porque él nos ama tanto. El socialismo trata de usar la fuerza y la compulsión del gobierno para aliviar la pobreza y crear igualdad. Se trata de un funcionario del gobierno que usa la ley y la fuerza para lograr que un ciudadano le dé al gobierno para que este les dé a los pobres.

En ninguna parte de las historias las enseñanzas de Jesús se alinean con un sistema así. En ninguna.

LA PREDICACIÓN DE SAN PABLO EN ÉFESO
DE EUSTACHE LE SUEUR, 1649

CAPÍTULO 3: LO QUE JESÚS Y LA BIBLIA DICEN SOBRE EL ROBO, LA PROPIEDAD PRIVADA, EL TRABAJO Y LA OCIOSIDAD

La Biblia tiene mucho que decir sobre el robo, la propiedad privada, el trabajo y la ociosidad. Hay muchas historias sobre los cuatro temas en la Biblia, y un solo mandamiento está dedicado a dos de ellos: el octavo mandamiento.

Son solo dos palabras, pero dos palabras importantes:

8: No robarás (Éxodo 20:15 BLPH).

Observe que no hay asteriscos alrededor de este breve mandamiento. Esta advertencia no dice: «No robarás (*a menos que sienta que deba hacerlo)». No dice: «No robarás (*a menos que el tipo que vive al lado suyo tenga más que usted y realmente no lo necesite)». No dice: «No robarás (*a menos que esté seguro de que puede gastarlo mejor que el tipo que lo ganó)». Y definitivamente no dice: «No robarás (*pero está bien contratar a otra persona, como un político, para que lo robe por la fuerza y en nombre del bien público)».

Pero ¿dónde dice algo el octavo mandamiento sobre la propiedad privada?, se preguntará. Es simple. Esas dos palabras no sólo *insinúan* que exista tal cosa, el octavo mandamiento *depende* de la idea de la propiedad privada. Piénselo: ¿cómo puede alguien robar algo que no pertenece a otra persona? ¿No es esa la definición misma de robo: tomar algo que no es legítimamente suyo? La Biblia no sólo permite la posesión de propiedades (y negocios y artículos como ganado y monedas y otras mercancías), sino que el octavo mandamiento insiste en la idea de la propiedad privada y los derechos de propiedad privada. La Biblia misma está repleta de historias que incluyen la propiedad privada y personas que compran y venden sus propios bienes e intercambian sus propias mercancías: vacas, oro y cualquier otra cosa que la gente compraba y vendía entre sí en ese entonces.

Un sistema de gobierno, el comunismo, *afirma* la idea de que el gobierno es dueño de toda la propiedad, que la propiedad privada en sí misma es un mal. Por eso Jesús no era comunista. Bajo ese sistema, el gobierno central viola el octavo mandamiento en virtud de su propio estatuto, su propia existencia. Bajo ese sistema, el gobierno es Dios. En ningún lugar de la Biblia se considera que el robo de la propiedad privada de alguien (y en los tiempos modernos eso incluye la propiedad intelectual, como ideas, software, composiciones y escritos) sea algo más que impío. En ningún lugar se considera que el robo de cualquier tipo sea algo más que lo que es: un pecado.

Pero la Biblia, la magnífica palabra de Dios, no es sólo una serie interminable de prohibiciones. La Biblia también proporciona el antídoto contra el robo y otros vicios y pecados que han plagado a la humanidad a través de los siglos. La respuesta, la refutación de todo pecado, incluido el robo, es Jesús. Nadie escribe sobre esto mejor que Pablo en su epístola a los efesios, y vale la pena examinar por qué escribió lo que escribió sobre todo pecado, antes de examinar lo que tenía que decir sobre el robo.

Recuerde que Pablo estaba llevando el evangelio de Jesús a una gran ciudad llena de incrédulos: Éfeso. Era una ciudad llena de pecado y vicio, y el robo era uno de ellos. Muchos robaban por pura codicia,

otros por pura envidia, y otros porque no podían mantenerse a sí mismos y se sentían obligados a robar o al menos se sentían bastante justificados para robar. Esa era la audiencia y el contexto de los escritos de Pablo. Las personas a las que estaba tratando de llegar estaban separadas de Dios porque no sabían de él.

Así es como Pablo comienza:

A causa de la ignorancia que los domina y por la dureza de sus corazones, estos tienen oscurecido el entendimiento y están alejados de la vida que proviene de Dios. Han perdido toda vergüenza, se han entregado a la inmoralidad y no se sacian de cometer toda clase de actos indecentes (Efesios 4:18-19).

Estas palabras no eran abstracciones para la gente de Éfeso; eran vivas, reales y fáciles de entender. Pablo continuó:

No fue esta la enseñanza que ustedes recibieron acerca de Cristo, si de veras se les habló y enseñó de Jesús según la verdad que está en él. Con respecto a la vida que antes llevaban, se les enseñó que debían quitarse el ropaje de la vieja naturaleza, la cual está corrompida por los deseos engañosos; ser renovados en la actitud de su mente; y ponerse el ropaje de la nueva naturaleza, creada a imagen de Dios, en verdadera justicia y santidad (Efesios 4:20-24).

Este es Pablo en su mejor momento, hablando de la vida antes y después de Jesús: su vida antes y después de Jesús, nuestra vida antes y después de Jesús, y la de toda la humanidad. Con Jesús, nos despojamos de nuestro viejo hombre y adoptamos nuevas actitudes y mentalidades sobre la vida. Todos, una vez que nos despojamos de nuestro viejo yo, somos muy conscientes del pecado y sus consecuencias. Esto no significa que no lucharemos con el pecado o que no continuaremos pecando. Pero nuestro viejo yo ni siquiera era consciente de nuestro pecado, y mucho menos se sentía culpable por él. Nuestro viejo yo nunca consideró arrepentirse de nuestro pecado ante un Dios que dio a su único Hijo para morir por *todos* nuestros pecados.

Pablo luego da instrucciones que todos debemos tomar en serio como creyentes, abordando no solo el robo, sino la alternativa cristiana al robo.

El que robaba, que no robe más, sino que trabaje honradamente con las manos para tener qué compartir con los necesitados (Efesios 4:28).

Pablo presenta dos cambios positivos en esta área. Primero, la respuesta cristiana al ladrón sobre el robo es sencilla: dejar de robar. Pero también hay una alternativa positiva al robo, según Pablo: trabajar y ganarse la vida honestamente. Pablo no se detiene allí, agregando una dimensión positiva adicional, y espiritual, al trabajo. Pablo enmarca nuestro trabajo en términos de lo que nos permite hacer por otras personas, personas que no pueden ayudarse a sí mismas o que están verdaderamente necesitadas. Ciertamente, nuestro Señor se regocija mucho en cualquiera de nosotros que alguna vez robó a otros y ahora está usando el fruto de su trabajo para ayudar y amar a otros. De eso estaba escribiendo Pablo. De nuestros corazones. De nuestra nueva vida en Jesús. Y de lo que sucede cuando, como dijo Pablo, nos despojamos de nuestro viejo yo y nos convertimos en nuestro nuevo yo en Jesús.

Pablo fue un poco más explícito sobre la importancia del trabajo en otras partes de la Biblia.

El que no quiera trabajar, que tampoco coma (2 Tesalonicenses 3:10).

Aunque esa línea puede parecer dura a primera vista, ese pasaje solo puede entenderse correctamente en su contexto más completo y misericordioso. Porque Pablo también advirtió contra el pecado que es lo opuesto al trabajo: la ociosidad. En sus instrucciones finales en 1 Tesalonicenses, dice esto sobre el trabajo y la ociosidad:

Hermanos, les pedimos que sean considerados con los que trabajan arduamente entre ustedes, y los guían y amonestan en el Señor. Ténganlos en alta estima y ámenlos por el trabajo que hacen. Vivan en paz unos con otros. Hermanos, también rogamos que amonesten a los holgazanes, estimulen a los

*desanimados, ayuden a los débiles y sean pacientes con todos
(1 Tesalonicenses 5:12-14).*

Pablo también habla de los peligros de la ociosidad y de la gente ociosa.

*Hermanos, en el nombre del Señor Jesucristo les ordenamos
que se aparten de todo hermano que esté viviendo como un
vago y no según las enseñanzas recibidas de nosotros. Ustedes
mismos saben cómo deben seguir nuestro ejemplo. Nosotros no
vivimos como ociosos entre ustedes ni comimos el pan de nadie*

sin pagarlo. Al contrario, día y noche trabajamos arduamente y sin descanso para no ser una carga a ninguno de ustedes. Y lo hicimos así no porque no tuviéramos derecho a tal ayuda, sino para darles buen ejemplo. Porque, incluso cuando estábamos con ustedes, les ordenamos: «El que no quiera trabajar, que tampoco coma» (2 Tesalonicenses 3:6-10).

Pablo odia la ociosidad porque Dios odia la ociosidad. Cuando miramos al principio de la Biblia, el mismo principio, aprendemos que Dios no solo trabajó un día cuando creó la tierra y todo lo que hay en ella, sino que trabajó seis días seguidos. Cuando Dios le dio a Moisés el mandamiento sobre el sábado, lo que vino antes fue el mandato de trabajar duro.

Acuérdate del día sábado para santificarlo. Trabaja seis días y haz en ellos todo lo que tengas que hacer, pero el día séptimo será un día de reposo para honrar al SEÑOR tu Dios. No hagas en ese día ningún trabajo, ni tampoco tu hijo, ni tu hija, ni tu esclavo, ni tu esclava, ni tus animales, ni tampoco los extranjeros que vivan en tus ciudades (Éxodo 20:8-10).

Este fue el diseño original de Dios para la humanidad: fuimos creados para trabajar. Observe que el diseño de Dios era seis días de trabajo por semana; ¡fue la humanidad la que creó la semana laboral de cinco días! La verdad es que el trabajo es parte de lo que significa nacer a imagen de Dios, y Dios no perdió tiempo en darle su primera tarea de trabajo a la humanidad, una tarea muy importante: a Adán.

Dios el SEÑOR tomó al hombre y lo puso en el jardín del Edén para que lo cultivara y lo cuidara (Génesis 2:15).

Aclaremos también que en ningún lugar de la Biblia Jesús, Pablo o alguno de los discípulos dicen nada negativo sobre las personas que *no pueden* trabajar o que *no son dignas* de nuestro sustento. De hecho, es todo lo contrario. Los que *podemos* trabajar tenemos la obligación y el deber de trabajar para poder ayudar a los que *no pueden*. No sólo a los enfermos o a los verdaderamente débiles, sino a los más jóvenes y a los mayores que simplemente no pueden trabajar y que dependen de los que sí podemos trabajar para mantenerlos.

De nuevo, se trata de un asunto del corazón. Todos conocemos a alguien —y quizás hasta tengamos un familiar— que ha elegido la ociosidad como estilo de vida. Esto es, en sentidos muy profundos, una forma de robar. Las personas que tienen la capacidad y la oportunidad de trabajar pero en cambio eligen la ociosidad están privando al Reino de Dios de los talentos que Dios les dio y robando a los verdaderamente necesitados la ayuda que de otro modo debería haberles sido dirigida. También se están robando a sí mismos cualquier verdadera oportunidad de ser felices.

También debemos notar aquí que Jesús mismo tenía un trabajo. «¿No es este el carpintero?», preguntaban las personas cuando apareció en su ciudad natal acompañado de sus discípulos. Jesús era un contratista: trabajaba con sus manos. Pablo era un fabricante de tiendas, e incluso en sus viajes misioneros, hizo hincapié en señalar que se mantenía a sí mismo y rechazaba el apoyo financiero.

> *Porque os acordáis, hermanos, de nuestro trabajo y fatiga; cómo trabajando de noche y de día, para no ser gravosos a ninguno de vosotros, os predicamos el evangelio de Dios (1 Tesalonicenses 2:9 RVR).*

Pablo no había terminado de hablar sobre el trabajo duro.

ESQUISSE POUR L'ÉGLISE SANT-LOUIS-D'ANTIN,
SAINT JOSEPH PROTECTEUR DE L'ENFANCE DE JÉSUS
DE GEORGES BECKER, 1874

Porque vosotros mismos sabéis de qué manera debéis imitarnos; pues nosotros no anduvimos desordenadamente entre vosotros, ni comimos de balde el pan de nadie, sino que trabajamos con afán y fatiga día y noche, para no ser gravosos a ninguno de vosotros (2 Tesalonicenses 3:7-8 RVR).

En resumen, la idea de un cristiano perezoso no tiene sentido y no encuentra respaldo en la Biblia. De hecho, nosotros, como hijos de Dios, nacimos para trabajar. Tal vez nadie haya hablado con más elocuencia sobre la naturaleza divina del trabajo que el reverendo Dr. Martin Luther King, Jr. en su discurso «Las tres dimensiones de una vida completa» en Chicago el 9 de abril de 1967, casi un año antes de que fuera asesinado.

Ahora bien, lo que pasa con la duración de la vida: después de aceptarnos a nosotros mismos y nuestras herramientas, debemos descubrir qué estamos llamados a hacer. Y una vez que lo descubramos, debemos proponernos hacerlo con toda la fuerza y todo el poder que tengamos en nuestro sistema. Y después de haber descubierto qué nos llamó Dios a hacer, después de haber descubierto el trabajo de nuestra vida, debemos proponernos hacer ese trabajo tan bien que los vivos, los muertos o los no nacidos no pudieran hacerlo mejor.[4]

King apenas estaba empezando:

Lo que les estoy diciendo esta mañana, amigos míos, es que, incluso si les toca ser barrenderos, salgan y barran las calles como Miguel Ángel pintó cuadros; barran las calles como Handel y Beethoven compusieron música; barran las calles como Shakespeare escribió poesía; barran las calles tan bien que todas las huestes del cielo y de la tierra tendrán que detenerse y decir: «Aquí vivió un gran barrendero que barrió bien su trabajo».[5]

LA PARÁBOLA DE JESÚS SOBRE LOS LABRADORES MALVADOS

La parábola de Jesús sobre los labradores malvados quizás sea la historia de la Biblia sobre la que menos se ha escrito y la más profunda sobre el robo y la propiedad.

Aparece tres veces en el Nuevo Testamento: en Marcos 12, Mateo 21 y Lucas 20. La historia ocurre justo después de que Jesús volcó las mesas en el templo y expulsó a los comerciantes de dinero

y mercancías. Como se señaló anteriormente, la ira de Jesús no fue inspirada por el comercio en sí, sino por dónde y cuándo se estaba llevando a cabo. Estaba disgustado por el abuso de la casa de oración de Dios. Ni una sola vez en la Biblia condena el comercio de bienes o animales o dinero en el lugar y momento adecuados. Nunca entra en un banco con un látigo hecho de cuerdas y ridiculiza a los comerciantes de dinero, ni entra en campos o graneros para expresar su ira por el comercio de animales de granja, trigo o maíz.

Después de volcar las mesas de dinero y dispersar a las ovejas y al ganado, Jesús se dirige a la multitud, que incluye a algunos de sus seguidores pero también a algunos fariseos. Sus seguidores probablemente no estaban muy seguros de lo que acababa de suceder, pero los sumos sacerdotes y los maestros de la ley estaban furiosos. Jesús estaba haciendo caso omiso y faltando el respeto a sus tradiciones, como lo había hecho poco tiempo antes cuando curó a un hombre enfermo durante el sabbat.

Los principales sacerdotes y los ancianos desafiaron a Jesús con dos preguntas:

> *¿Con qué autoridad haces esto? —lo interrogaron—. ¿Quién te dio autoridad para actuar así? (Marcos 11:28).*

Estas no eran preguntas sinceras, por supuesto. Eran preguntas capciosas, diseñadas para desacreditar a Jesús, quien había pasado la mayor parte de su ministerio de tres años realizando milagros y demostrando a través de señales y prodigios de todo tipo la fuente de su autoridad: Dios. Pero la institución religiosa de la época no quería saber ni admitir la verdad.

Es entonces cuando Jesús desciende a la parábola de los labradores malvados:

> *Escuchen otra parábola: Había un propietario que plantó un viñedo. Lo cercó, cavó un lagar y construyó una torre de vigilancia. Luego arrendó el viñedo a unos labradores y se fue de viaje. Cuando se acercó el tiempo de la cosecha, mandó sus siervos a los labradores para recibir de estos lo que le correspondía (Mateo 21:33-34).*

Para dar un poco de contexto, era bastante común en aquellos tiempos que los inversionistas ricos compraran propiedades agrícolas o viñedos y las dejaran al cuidado de los labradores arrendatarios, quienes trabajarían la tierra. En el momento de la cosecha, los propietarios enviaban a alguien a recoger su parte de la cosecha, y quedaba una cantidad acordada para que los labradores arrendatarios la conservaran por sus esfuerzos.

Pero eso no es lo que sucedió en la historia de Jesús.

Los labradores agarraron a esos siervos; golpearon a uno, mataron a otro y apedrearon a un tercero. Después mandó otros siervos, en mayor número que la primera vez, y también los maltrataron.

Por último mandó a su propio hijo, pensando: «¡A mi hijo sí lo respetarán!». Pero cuando los labradores vieron al hijo, se dijeron unos a otros: «Este es el heredero. Matémoslo para quedarnos con su herencia». Así que le echaron mano, lo arrojaron fuera del viñedo y lo mataron.

Ahora bien, cuando vuelva el dueño, ¿qué hará con esos labradores?

«Hará que esos malvados tengan un fin miserable —respondieron— y arrendará el viñedo a otros labradores que le darán lo que corresponde cuando llegue el tiempo de la cosecha».

Les dijo Jesús: «¿No han leído nunca en las Escrituras: "La piedra que desecharon los constructores ha llegado a ser la piedra angular? ¿Esto ha sido obra del Señor y nos deja maravillados?"»

«Por eso digo que el reino de Dios se les quitará a ustedes y se le entregará a un pueblo que produzca los frutos del reino. El que caiga sobre esta piedra quedará despedazado y, si ella cae sobre alguien, lo hará polvo».

Cuando los jefes de los sacerdotes y los fariseos oyeron las parábolas de Jesús, se dieron cuenta de que hablaba de ellos. Buscaban la manera de arrestarlo, pero temían a la gente, porque esta lo consideraba un profeta (Mateo 21:35-46).

PARÁBOLA DE LOS LABRADORES MALVADOS
DE MARTEN VAN VALCKENBROCHEDEN, 1580–1590

ABRAHAM E ISAAC
POR TIZIANO, 1542–1544

Qué historia tan notable, rica y poderosa nos cuenta Jesús. A primera vista, está claro quiénes son los malos aquí, y no son los ricos terratenientes, sino los malvados arrendatarios que roban la tierra que no les pertenece por derecho mediante el acto de asesinar. Esta es una violación de otro de los Diez Mandamientos.

Esta parábola también opera en un nivel simbólico. El dueño de la tierra es claramente Dios, la viña obviamente representa a Israel y los labradores son los líderes judíos religiosos. Y como se indica en la parábola, los líderes judíos sabían que Jesús no solo les estaba hablando *a* ellos, sino *acerca* de ellos. Comprendieron sus palabras, pero no respondieron con humildad, mucho menos con arrepentimiento.

Su respuesta a la parábola de Jesús fue buscar una manera de arrestarlo. No les preocupaba en absoluto la verdad de su historia, mucho menos agradar a Dios. Estaban más preocupados por cómo sus acciones serían percibidas por las multitudes que apoyaban a Jesús.

Jesús estaba advirtiendo a quienes se reunían a su alrededor que la viña sería quitada a quienes rechazaran la autoridad de Dios y otorgada a quienes la respetaran. Además, el significado más amplio aquí es que la viña de Dios —la generosidad y abundancia de Dios— estaba abierta a los gentiles. Estaba abierta a cualquiera y todos los que creyeran en Jesús y se sometieran a él.

Lo que es de la humanidad es de la humanidad, pero lo que es de él es de él.

UNA NOTA FINAL SOBRE EL TRABAJO Y LA FE

Hay una última cosa que se debe enfatizar acerca del trabajo: es una parte fundamental de la vida, y una manera en que honramos a Dios. Pero nuestro trabajo por sí solo no nos hace ganar, ni puede ganarnos, la salvación eterna. La noción de que podemos trabajar para llegar al cielo, de que podemos «ganarnos» nuestra salvación, no es verdadera.

Nuestra salvación es el regalo de Dios para nosotros. El apóstol Pablo escribió sobre esto mismo, la diferencia entre el trabajo y los regalos.

Ahora bien, cuando alguien trabaja, no se le toma en cuenta el salario como un favor, sino como una deuda (Romanos 4:4).

Piensa en las palabras de Pablo y relaciónalas con tu propia vida. Si llegas a un acuerdo para pagarle a alguien $1000 para pintar tu casa, cuando el pintor termine su trabajo y tú le pagues, no puedes alegar que lo que le diste fue un regalo, porque no lo fue. El pintor trabajó para conseguirlo. Se lo ganó. Tú simplemente le estás pagando al pintor el salario por el que trabajó. El salario que acordaste.

Si ese mismo día, decides darle a un vecino que necesita desesperadamente transporte el título de tu auto por la bondad de tu corazón, eso no sería un salario que le estarías dando a tu vecino, sino un regalo. Un regalo basado en tu propia generosidad. En tu propio corazón. En tu amor por tu prójimo.

Por supuesto, no querrías nada a cambio, porque es un regalo y lo diste por todas las razones correctas. Tampoco quieres que la persona a la que le diste el regalo sienta que te debe algo, porque no es así. Por eso la Biblia ama no sólo al dador alegre, sino también al dador secreto.

La enseñanza de Pablo sobre el salario, el trabajo y la fe fue sólo una parte de su lección sobre la salvación; la otra parte de su enseñanza, la más importante, tenía que ver con las obras, la fe y la salvación.

Pablo eligió el personaje de Abraham para ilustrar su punto. Si hay un hombre en la Biblia que *podría* haber heredado su salvación eterna a través de sus obras y esfuerzo, sin duda habría sido Abraham. Dios le dijo a Abraham que abandonara su tierra a la madura edad de 75 años y Abraham obedeció. Cuando Dios le pidió que sacrificara a su hijo Isaac, Abraham viajó al monte Moria con su hijo y sus sirvientes para hacerlo. Hay pocos personajes en la Biblia con un mejor currículum de obras y buenas acciones.

Entonces, ¿por qué escribió Pablo sobre este gran personaje del Antiguo Testamento en Romanos? Fue para señalar con precisión que incluso un hombre con una lista de buenas obras y logros como Abraham no se gana su camino a la salvación.

Entonces, ¿qué diremos en el caso de nuestro antepasado Abraham? En realidad, si Abraham hubiera sido justificado por las obras, habría tenido de qué jactarse, pero no delante de Dios. Pues, ¿qué dice la Escritura? «Creyó Abraham a Dios y esto se le tomó en cuenta como justicia» (Romanos 4:1-3).

Y ahí están, cuatro simples palabras que lo dicen todo: «Creyó Abraham a Dios». Su fe en Dios fue la fuente de su salvación. Es nuestra fe en Dios, también, la fuente de nuestra salvación. Ninguna cantidad de esfuerzo, ninguna cantidad de buenas obras o buenas acciones puede llevarnos allí.

La salvación es el regalo de Dios para nosotros. Si un hombre tan grande como Abraham no pudo ganarse su camino a la salvación, entonces no hay esperanza de que nosotros ganemos nuestro camino a la salvación tampoco.

ADÁN Y EVA EN EL JARDÍN DEL EDÉN
DE JOHANN WENZEL PETER, 1800–1829

CAPÍTULO 4: LO QUE LA BIBLIA DICE ACERCA DE LA CODICIA Y LA GRATITUD

Algunos dicen que el décimo mandamiento es el último porque es el más insidioso. Está compuesto de solo dos palabras:

10: No codiciarás... (Éxodo 20:17 BLPH).

La codicia y su prima, *la envidia*, provocan resultados terribles en la vida de las personas, llevándolas a quebrantar múltiples mandamientos, si no todos. Es igual o más destructiva que cualquier pecado, y puede llevar a un hermano a asesinar a otro hermano. La codicia y la envidia son así de malas.

En la Biblia me vienen a la mente dos historias sobre la codicia y la envidia: una en el Antiguo Testamento y otra en el Nuevo Testamento. La primera y más inquietante historia sobre la envidia y la codicia sucede al principio, en el Génesis: la historia de Caín y Abel. Comienza con una cronología básica: leemos que Caín fue el primogénito de Adán y Eva, y Abel el segundo. Leemos que fue el primogénito quien obtuvo la mejor parte de las tareas y responsabilidades del hogar: se le asignó trabajar la tierra, mientras que su hermano menor fue enviado al granero y a los animales. En ninguna parte de la Biblia se explica por qué, o cómo se sintió Abel al respecto. Pero una cosa sí sabemos: no mató a su hermano por eso:

El hombre tuvo relaciones sexuales con Eva, su mujer, y ella quedó embarazada y dio a luz a Caín. Y dijo: «¡Con la ayuda del Señor, he tenido un varón!». Después dio a luz a Abel, hermano de Caín (Génesis 4:1-2).

La historia gira rápidamente hacia las ofrendas hechas a Dios por Caín y Abel, y la respuesta de Dios a ambos:

Tiempo después, Caín presentó al Señor una ofrenda del fruto de la tierra. Abel también presentó al Señor lo mejor de su rebaño, es decir, los primogénitos con su grasa. Y el Señor miró con agrado a Abel y a su ofrenda, pero no miró así a Caín ni a su ofrenda. Por eso Caín se enfureció y andaba cabizbajo (Génesis 4:3-5).

En este pasaje leemos que Dios ve con agrado la ofrenda de Abel, y tenemos una pista de por qué: Abel dio generosamente y de lo mejor de su rebaño. También leemos que Dios no vio con buenos ojos la ofrenda de Caín, pero la Biblia no es clara en cuanto a por qué. Podemos suponer que Caín podría haber hecho algo mejor a los ojos de Dios. Lo que sucedió a continuación es muy revelador no solo sobre la naturaleza de Dios, sino también de Caín.

Entonces el Señor le dijo: «¿Por qué estás tan enojado? ¿Por qué andas cabizbajo? Si hicieras lo bueno, podrías andar

*con la frente en alto. Pero si haces lo malo, el pecado está a
la puerta para dominarte. No obstante, tú puedes dominarlo»*
(Génesis 4:6-7).

Dios muestra su lado amoroso y misericordioso a Caín. Él ve que
Caín está abatido y enojado por lo que percibe como un veredicto
injusto y desigual, y le da algunos consejos. También lo anima a hacer
lo correcto cuando llegue la próxima ofrenda, pero también le advierte
que si no lo hace, el pecado está acechando a su puerta. El pecado de
codicia, comparación y envidia, le explicó Dios a Caín, es como un
depredador esperando devorarlo.

CAÍN CONDUCE A ABEL A LA MUERTE
DE JAMES TISSOT, 1896–1902

En lugar de seguir el consejo de Dios, Caín permite que su amargura y envidia lo dominen y pone en marcha un complot premeditado y engañoso para asesinar a su propio hermano.

Caín habló con su hermano Abel. Y cuando estaban en el campo, Caín atacó a su hermano y lo asesinó (Génesis 4:8).

Vemos en la historia que antes de que Caín se enojara con Abel, primero se enojó con Dios. Así es precisamente cómo la envidia teje su camino destructivo: rara vez comienza con el *objeto* de nuestra envidia. Comienza con la *fuente* percibida de injusticia e inequidad: Dios. Comienza con un ser humano que mira hacia arriba y grita con ira: «¿Por qué no a mí, Dios? ¿Por qué no me has favorecido? ¿Por qué no me has dado lo que le diste a alguien más?»

La injusticia percibida de Dios es la fuente de la ira de Caín. Resulta que Abel es un mero objeto de su envidia y su ira. Abel es la víctima inocente y desprevenida de un drama que se desarrolla entre Caín y Dios. No es culpable de nada más que de hacer el bien y ser bueno, y de estar en el lugar equivocado en el momento equivocado.

Este es el poder y el peligro de la envidia. Es un pecado que puede atacar en cualquier momento y cuando menos lo esperamos. Puede suceder cuando vemos un auto nuevo en la entrada de la casa de nuestro vecino. Puede suceder cuando un amigo recibe un gran ascenso o un miembro de la familia recibe un gran aumento. Puede sucederle a cualquiera de nosotros, en cualquier momento y por cualquier razón.

El novelista Gore Vidal dijo una vez:

Cada vez que un amigo tiene éxito, muero un poco.[6]

Sería fácil descartar a Vidal como un mal tipo y un mal amigo, pero sabemos, si nos atrevemos a admitirlo, de qué está hablando. Es, de hecho, una de las grandes armas que Satanás usa para separarnos de Dios y enfrentar a los humanos. Y una vez que comienza a funcionar, la envidia lo consume todo. Se apodera del corazón, ocupa la mente y anhela implacablemente más de nuestras emociones, más de nuestro tiempo y más de nuestro esfuerzo.

Una vez que se desatan, la envidia y la codicia nunca pueden satisfacerse: ese anhelo por algo que alguien más tiene o atesora es insaciable, y siempre encontraremos a alguien más que tenga algo que desearíamos tener. Las injusticias de la vida actúan como combustible para la envidia, y los resultados injustos de la vida actúan como la cerilla que enciende la llama, todo mientras Satanás está a nuestro lado, incitándonos.

Y es por eso que la codicia y la envidia son tan peligrosas: el amor de Dios se pone patas arriba y, en cambio, se convierte en odio hacia nuestros vecinos, amigos y familiares. Donde deberíamos estar dispuestos a celebrar el éxito de nuestros seres queridos, la envidia convierte un bien básico en un mal absoluto.

Un pasaje de la Biblia aborda esta idea muy claramente:

> *¿De dónde surgen las guerras y los conflictos entre ustedes? ¿No es precisamente de las pasiones que luchan dentro de ustedes mismos? Desean algo y no lo consiguen. Matan y sienten envidia, y no pueden obtener lo que quieren. Riñen y se hacen la guerra. No tienen, porque no piden. Y cuando piden, no reciben porque piden con malas intenciones, para satisfacer sus propias pasiones (Santiago 4:1-3).*

Ahí está, claro y simple:

> *Desean lo que no tienen, [...] y hasta matan por conseguirlo (NTV).*

Y note que el Señor conoce nuestros motivos y nuestras intenciones cuando le pedimos cosas y cuando le oramos. Dios conoce nuestras mentes. A Dios le importan nuestras mentes. Nos encontramos con esta idea una y otra vez en la Biblia: él conoce nuestras mentes. Y también conoce nuestros corazones. Y se preocupa por ambos.

EL HIJO PRÓDIGO Y SU HERMANO PERDIDO

Hay una historia adicional sobre la envidia y la codicia que vale la pena contar. Aunque no es tan dramática ni trágica, es igualmente inquietante: El hermano mayor pródigo. Sé lo que está pensando. ¿Dónde está *esa* historia en la Biblia? Conozco la historia del hijo pródigo, pero ¿la del hermano pródigo?

Repasemos, porque esta historia trata de muchas cosas, especialmente del carácter de Dios. Dios siempre está con nosotros y siempre nos dará la bienvenida si nos hemos desviado. Siempre.

La parábola comienza con un hombre y sus dos hijos, el menor de los cuales le pide a su padre su parte de la herencia familiar. El hijo menor está impaciente. No quiere esperar a la muerte de su padre para disfrutar de su parte de la herencia. La quiere ya. El padre, sin protestar, concede la petición de su hijo menor y su hijo pronto liquida su parte de la herencia de su padre.

Sabemos lo que sucede a continuación, y conocemos bien la historia porque hemos visto historias como esta en nuestras propias vidas. El hijo menor viaja a un país lejano donde vive de manera salvaje e imprudente, despilfarrando rápidamente todo su dinero. Para empeorar las cosas, el país al que huyó experimenta una hambruna y, en un intento desesperado por sobrevivir, acepta un trabajo alimentando cerdos. Tiene tanta hambre que incluso desea comer la comida de los cerdos.

Todos sabemos lo que le sucede después al hijo menor en esta, una de las más grandes parábolas de Jesús.

Por fin recapacitó y se dijo: «¡Cuántos jornaleros de mi padre tienen comida de sobra y yo aquí me muero de hambre! Me levantaré e iré a mi padre y le diré: Papá, he pecado contra el cielo y contra ti. Ya no merezco que se me llame tu hijo; trátame como si fuera uno de tus jornaleros». Así que emprendió el viaje y se fue a su padre (Lucas 15:17-20).

Lo que sucede a continuación puede ser el mejor ejemplo de cómo es vivir una vida como la de Cristo. Antes de darse cuenta del corazón arrepentido de su hijo menor, el padre no solo espera para saludarlo, sino que *corre* hacia él. Lleno de compasión, corre hacia su hijo menor con un corazón alegre en lugar de duro, colmándolo de regalos y amor.

La parte final de esta historia puede ser la más convincente: la reacción del hermano *mayor* ante la alegría de su padre. Porque Jesús no solo nos estaba contando esta historia para recordarnos cómo es el amor de un padre cristiano, y su amor. También quería pintar un cuadro de cómo es la envidia. Cómo la envidia roba la alegría y frustra no solo el amor de un padre, sino el de Dios:

Mientras tanto, el hijo mayor estaba en el campo. Al volver, cuando se acercó a la casa, oyó que había música y danza. Entonces llamó a uno de los siervos y le preguntó qué pasaba. «Tu hermano ha llegado —le respondió—, y tu papá ha matado el ternero más gordo porque lo ha recobrado sano y salvo».

Indignado, el hermano mayor se negó a entrar. Así que su padre salió a suplicarle que lo hiciera. Pero él contestó: «¡Fíjate cuántos años te he servido sin desobedecer jamás tus órdenes y ni un cabrito me has dado para celebrar una fiesta con mis amigos! ¡Pero ahora llega ese hijo tuyo, que ha despilfarrado tu fortuna con prostitutas, y tú mandas matar en su honor el ternero más gordo!» (Lucas 15:23-30).

EL HIJO PRÓDIGO ALIMENTANDO CERDOS
DE BARTOLOMÉ ESTEBAN MURILLO, DÉCADA DE 1660

Allí está: el hijo mayor, señala Jesús, no está molesto con su *hermano* sino con su *padre*. Está enojado por lo que percibe como injusto y desigual. Esto es lo que crean la envidia, la codicia y la comparación. Desvía el enfoque de Dios a uno mismo, y del altruismo al egoísmo. No hubo ni una pizca de alegría expresada por el hermano mayor porque su hermano menor había regresado a casa sano y salvo y con un corazón arrepentido. Tampoco expresó una pizca de felicidad por su padre. El hijo mayor estaba demasiado sumergido en sus propios sentimientos y su sentido de injusticia por lo que él consideraba un regalo injusto de su padre a su hermano menor.

Una frase, las palabras del hermano mayor al padre, lo dice todo:

¡Nunca me diste ni un cabrito para celebrar con mis amigos! (Lucas 15:29).

Jesús cuenta esta historia porque muestra cómo la envidia y la comparación pueden degenerar en autojustificación, crueldad y una separación total del amor de nuestro padre terrenal y del amor de nuestro padre celestial.

El padre luego aborda la envidia de su hijo mayor y la ira que brotó de ella con comprensión y compasión:

Hijo mío —le dijo su padre—, tú siempre estás conmigo y todo lo que tengo es tuyo. Pero teníamos que hacer fiesta y alegrarnos, porque este hermano tuyo estaba muerto, pero ahora ha vuelto a la vida; se había perdido, pero ya lo hemos encontrado (Lucas 15:31-32).

Lo que aprendemos de esta historia es que no solo había un hijo perdido, sino dos hijos separados de Dios. Al final de esta historia, y a pesar de haber vivido cerca de su padre durante todos esos años y honrarlo, el hermano mayor está más lejos del amor de su padre —y de Dios— que el hermano menor arrepentido.

¿Cuál es la respuesta a la codicia y la envidia en la Biblia? Eso también es sencillo: gratitud por todo lo que Dios nos ha dado y con lo que nos ha bendecido, sin importar nuestras circunstancias. El apóstol Pablo lo explica.

Estén siempre alegres, oren sin cesar, den gracias a Dios en toda situación, porque esta es su voluntad para ustedes en Cristo Jesús (1 Tesalonicenses 5:16-18).

LA ENVIDIA (INVIDIA) DE LOS SIETE PECADOS CAPITALES DE PIETER VAN DER HEYDEN, PIETER BRUEGHEL EL VIEJO Y HIERONYMUS COCK, 1558

Siempre habrá gente a nuestro alrededor con más o menos que nosotros: riquezas, salud, tragedias, felicidad y tiempo. Nuestra labor como cristianos es amar a nuestro prójimo, y no sólo a los que percibimos como peores o mejores. Una familia con gran riqueza puede estar sufriendo de mala salud, y una familia con gran salud y felicidad puede estar al borde de la ruina financiera.

La gratitud nos salva de las traicioneras orillas de la envidia y el descontento, y es imposible estar en paz con nuestras circunstancias sin gratitud. Es fácil que la envidia y la codicia se cuelen en nuestros corazones, y roben nuestro gozo y nuestra relación con Dios.

En medio de las luchas y las dificultades, es fácil enojarse con Dios y centrarse en lo que no ha hecho por nosotros y sí ha hecho por los demás. La Biblia nos da instrucciones claras:

Hermanos míos, considérense muy dichosos cuando tengan que enfrentarse con diversas pruebas, pues ya saben que la prueba de su fe produce perseverancia (Santiago 1:2-3).

La Biblia nos instruye que es importante sentirse agradecido *durante* las dificultades. También es importante sentirse agradecido *por* las dificultades. En nuestras vidas, todos podemos mirar atrás a nuestras peores tribulaciones y dificultades y ver que fueron una oportunidad para apoyarnos en Dios, aprender de él y acercarnos a él. Y siempre, Dios está ahí para nosotros, en nuestros mejores y peores momentos. Es fácil que nos olvidemos de Dios durante nuestros buenos momentos. Mediante la gratitud, Dios contrarresta la envidia, la codicia y el resentimiento: es su antídoto. Nuestros corazones y mentes deben permanecer en guardia contra la envidia, la codicia y la ira. ¿Qué podría haber hecho Caín de manera diferente? ¿Qué podría haber hecho de manera diferente el hermano mayor en la parábola del hijo pródigo? Lo que importa no es lo que ellos eligieron hacer, sino lo que elegimos hacer cuando nos enojamos con Dios por algún resultado o circunstancia en la vida que creemos que es injusta.

En algún momento u otro, podemos ser cualquiera de los personajes de esas historias. Jesús contó esas historias no para su beneficio, sino para el nuestro. Cuando comenzamos a sentirnos consumidos por la ira hacia Dios, o la envidia hacia un miembro de la familia, un amigo o un vecino, podemos hacernos una pregunta sencilla: ¿Queremos ser el hermano mayor que recibe de regreso a casa a su hermano menor perdido, o no?

Si somos padres, ¿correremos hacia nuestro hijo o hija extraviados hace tiempo, o le daremos un sermón al niño que regresa sobre el error de sus caminos? Podemos elegir. Siempre, Dios nos deja escoger: el camino de Satanás o el suyo.

En los deportes y en la guerra se dice que la mejor defensa es un buen ataque. Lo mismo ocurre en la guerra espiritual, y debemos ver claramente que la envidia y la codicia no son de Jesús, sino de Satanás. La gratitud es un arma diseñada por Dios no solo para proteger nuestros corazones y mentes del pecado, sino para inocularlos y ahuyentarlos.

Esas dos historias de la Biblia dejan en claro lo fácil que es alejarnos de Dios y permitir que nos llenemos de amargura y nos consuma la envidia. La respuesta, siempre, es volvernos a Dios buscando su comprensión, consuelo, misericordia y confianza. Siempre, volvernos a Dios es la mejor opción.

Cada vez que comparamos nuestras vidas con las de los que nos rodean, cada vez que sentimos que la amargura comienza a crecer y la envidia comienza a gobernar nuestros corazones, y cada vez que alguien a nuestro alrededor (especialmente los políticos) intenta explotar nuestro sentido de envidia y codicia avivando el fuego de las desigualdades e injusticia tenemos que tomar una decisión: elegir correr con el pecado y separarnos de Dios, o acercarnos a él eligiendo la gratitud.

CRISTO EN GETSEMANÍ
DE HEINRICH HOFMANN, 1886

Cuando la envidia y la codicia llaman a nuestra puerta, podemos elegir al enemigo o elegir a Dios. Podemos levantar el puño contra Dios y causar estragos en las vidas que nos rodean, o arrodillarnos humildemente en agradecimiento al Dios que tanto amó al mundo que envió a su único Hijo a la tierra para morir por nuestros pecados.

Jesús mismo nos recuerda esto a todos cuando uno de sus discípulos le pide:

Señor, enséñanos a orar (Lucas 11:1c).

La breve respuesta de Jesús a la petición se puede encontrar en el Evangelio según Lucas. La versión más larga, parte del Sermón del Monte de Jesús, se puede encontrar en el Evangelio según Mateo.

Ustedes deben orar así:

«Padre nuestro que estás en los cielos,
santificado sea tu nombre.
Venga tu reino.
Hágase tu voluntad,
en la tierra como en el cielo.
Danos hoy nuestro pan cotidiano.
Perdónanos nuestras ofensas,
como también nosotros perdonamos a nuestros ofensores.
Y no nos dejes caer en tentación,
sino líbranos del maligno»
(Mateo 6:9-13).

Esta oración es tan poderosa por muchas razones, la primera y principal porque es la oración que Jesús nos dice que oremos. Nos orienta en todas las formas correctas, siempre enfocados en él y en la forma en que él nos provee. Y lo que él requiere de nosotros, especialmente en lo que se relaciona con cómo debemos tratar a nuestro prójimo, con compasión y misericordia, como él nos trata a nosotros. Solo él puede liberarnos de Satanás. Solo Jesús puede salvarnos de la envidia y la codicia. Jesús nunca es la fuente de la envidia y la codicia: él es la solución.

Lo que es aún más poderoso que el Padre Nuestro son las instrucciones de oración de Jesús: instrucciones sobre *cómo* orar, no solo *qué* orar.

Pero tú, cuando te pongas a orar, entra en tu cuarto, cierra la puerta y ora a tu Padre, que está en lo secreto. Así tu Padre, que ve lo que se hace en secreto, te recompensará. Y al orar, no hablen solo por hablar como hacen los gentiles, porque ellos se imaginan que serán escuchados por sus muchas palabras. No sean como ellos, porque su Padre sabe lo que ustedes necesitan antes de que se lo pidan (Mateo 6:6-8).

Y ahí está una vez más: Jesús está más preocupado por nuestras mentes y corazones. Él quiere que oremos, y que oremos por las razones correctas. Jesús sabe que esos son los puntos de entrada de Satanás, y nos advierte, una y otra vez, que sin él, no tenemos ninguna posibilidad.

Y que con él, todos podemos ser liberados del maligno.

CRISTO Y EL BUEN LADRÓN
DE TIZIANO, 1566

CAPÍTULO 5: DE REGRESO AL PRINCIPIO: ¿ES JESÚS SOCIALISTA?

Hemos cubierto mucho terreno. Hemos hablado de la riqueza y el dinero, y del hecho de que Jesús no odia ninguno de los dos. Su problema es con el amor al dinero. Hemos hablado de la administración adecuada de los recursos y el dinero de Dios, y de la mala administración, como lo explica Jesús en la parábola de los labradores malvados. Hemos hablado de la donación voluntaria (la donación generosa y alegre, la clase de donación que Jesús ama) y de la donación coercitiva a través de la fuerza del gobierno, sobre la cual Jesús tiene muy poco que decir excepto que debemos pagarla. Hemos hablado del trabajo, que la Biblia valora, y de la ociosidad, que la Biblia no valora. Hemos hablado de los derechos de propiedad, que la Biblia valora, y del robo, que Dios deplora. Y por último, hemos hablado de la envidia y la codicia, y del antídoto de Dios para ambas: la gratitud.

Así que terminamos las cosas donde comenzamos, con una pregunta: ¿Es Jesús socialista? Volvamos a la definición de socialismo de *rae.es*:

> *m. Sistema de organización social y económica basado en la propiedad y administración colectiva o estatal de los medios de producción y distribución de los bienes.*[7]

En resumen, el socialismo no exige propiedad privada de nada. Ni de un negocio privado, ni de un automóvil, ni de una casa, ni siquiera de una idea. No es suyo, de Dios, ni un regalo de Dios a la humanidad: el estado es dueño de todo. Un gobierno centralizado, una autoridad centralizada, controla todo. El estado todopoderoso dirige nuestras vidas bajo el socialismo y el comunismo y usa su poder coercitivo, la fuerza de la ley, para lograr sus objetivos.

Sabemos que un mundo así no es bíblico, porque sabemos que la Biblia valora la propiedad privada y odia el robo. Y sabemos que bajo los regímenes socialistas y comunistas a lo largo de la historia, es el propio gobierno el que ha sido el peor ladrón. A lo largo de la historia, los funcionarios gubernamentales han usado la promesa de hacer el bien como pretexto para robar. Afirman querer transferir la riqueza de los ricos a los pobres, pero invariablemente empobrecen a todos y se quedan con la riqueza que se han apropiado por la fuerza para sí mismos y para su propio poder personal. ¿El resultado para el ciudadano? Todos son iguales porque ahora todos son pobres.

No hay que buscar más allá de la historia de Jesús y María y el perfume, como hicimos antes en esta serie, para entender cómo los ladrones pueden hacerse pasar por benefactores humanitarios. ¿Cuál era la intención de Judas cuando reprendió a María por derramar su costoso perfume sobre los pies de Jesús?

> *Dijo esto no porque se interesara por los pobres, sino porque era un ladrón y, como tenía a su cargo la bolsa del dinero, acostumbraba a robarse lo que echaban en ella (Juan 12:6).*

Cualquiera que haya pasado algún tiempo en este mundo sabe que hay, y siempre ha habido, políticos que afirman preocuparse *públicamente* por la pobreza, pero en *privado* se preocupan por su propia riqueza y poder. Roban a gente buena que podría haber hecho un mejor uso de su propio dinero para servir a los pobres, privando así a los pobres —y al cuerpo de Cristo— de actos sinceros y voluntarios de compasión y amor.

¿Y recuerda la respuesta de Jesús a Judas?

Déjala en paz —respondió Jesús—. Ella ha estado guardando este perfume para el día de mi sepultura. A los pobres siempre los tendrán con ustedes, pero a mí no siempre me tendrán (Juan 12:7-8).

Fue un ataque fulminante contra Judas porque Jesús conocía el corazón de Judas. No había amor en el corazón de Judas cuando reprendió a María. Y no hay corazón ni amor en el socialismo. Todo son objetivos terrenales: objetivos políticos, económicos y sociales con el estado como fijador y ejecutor de objetivos, reemplazando a Dios como la autoridad central en la vida de sus ciudadanos.

Ese es el problema del socialismo. Sus aspiraciones parecen buenas y decentes, con lo que parecen ser objetivos dignos. La lista es casi siempre la misma: eliminar la desigualdad, eliminar la pobreza, eliminar el hambre y proporcionar atención médica, vivienda y transporte gratuitos. Pero hay un defecto fatal: los creyentes en el socialismo suponen que las personas que administran su estado idealizado son dignas de la tarea. Ese es quizás el mayor defecto, y el más fundamental, del socialismo. No considera la realidad cristiana de que vivimos en un mundo caído, lleno de personas caídas. El mundo está lleno de desigualdades que Jesús mismo no intentó arreglar ni curar mientras estuvo aquí, aunque podría haberlo hecho si hubiera querido.

¿Por qué, debemos preguntarnos como cristianos, la humanidad debería tratar de resolver mediante el poder gubernamental y la coerción lo que Jesús estaba tratando de resolver mediante la transformación de las mentes y los corazones individuales?

Vale la pena señalar aquí que no hay nada malo en que los gobiernos aumenten los impuestos para tratar de ayudar a los pobres, y Jesús no afirmó lo contrario. Lo que es profundamente preocupante (y lo que va en contra de las enseñanzas de Jesús) es un estado que se vuelve tan poderoso y rapaz que deja poco o ningún espacio para la caridad cristiana y el amor cristiano, y mucho menos para la propiedad privada, así como para los incentivos adecuados que recompensan el trabajo y castigan la ociosidad.

Ese es el problema con el socialismo y el comunismo. Ambos excluyen el amor de Dios, así como la capacidad del seguidor común de Jesús de dar a los pobres y ayudar a los necesitados. El socialismo y el comunismo también excluyen nuestro diezmo a nuestras iglesias, que las sostiene y les permite servir a sus comunidades. Ese puede ser el mayor problema con el comunismo y el socialismo. Los seguidores de Jesús tienen menos para dar a Dios porque el gobierno se lo ha tragado todo.

EL MENSAJE RADICAL DE JESÚS

El mensaje radical de Jesús no es la eliminación del hambre, la miseria o la desgracia en nuestro tiempo. Es el llamado a cada uno de nosotros a amar y ayudar a los hambrientos, los miserables y los desafortunados. Cuando el estado asume la tarea de ayudar a los pobres que Jesús nos dejó a nosotros, hay consecuencias trágicas. Priva a los destinatarios de la oportunidad de experimentar a Jesús a través de ese acto de compasión *voluntaria* y *personal*, así como de la gratitud que puede fluir de ese acto de amor y compasión cristianos.

Esos beneficios estatales, esa caridad estatal, crean el efecto opuesto en el receptor; la experiencia de gratitud de un acto voluntario y personal de amor cristiano ahora es reemplazada por la sensación de privilegio que se siente a partir de un acto involuntario e impersonal del estado. Los deseos de Jesús se ponen patas arriba.

No lo olvidemos: ninguno de nosotros piensa en la palabra *amor* cuando pagamos nuestros impuestos, o más precisamente, cuando nos quitan los impuestos de nuestros cheques cada dos semanas. Eso es lo que obtenemos al final con el socialismo: dadores sin amor y receptores sin gratitud.

Hay otros problemas con el socialismo y el comunismo, especialmente la promesa de un mundo con resultados iguales y un mundo sin preocupaciones financieras o económicas. ¿Desea Dios realmente que tengamos todas nuestras necesidades materiales y físicas satisfechas por nuestro gobierno? ¿Que tengamos una vida libre y fácil sin responsabilidades hacia los demás? ¿Y sin la ayuda de Dios?

La Biblia habla de estas preguntas a menudo y sistemáticamente. Y siempre, la respuesta es esta: ¡Dios proveerá! Vayamos a las Escrituras para algunos ejemplos:

Mi Dios, pues, suplirá todo lo que os falta conforme a sus riquezas en gloria en Cristo Jesús (Filipenses 4:19 RVR).

No os afanéis, pues, diciendo: ¿Qué comeremos, o qué beberemos, o qué vestiremos? Porque los gentiles buscan todas estas cosas; pero vuestro Padre celestial sabe que tenéis necesidad de todas estas cosas (Mateo 6:31-32 RVR).

Pues si vosotros, siendo malos, sabéis dar buenas dádivas a vuestros hijos, ¿cuánto más vuestro Padre que está en los cielos dará buenas cosas a los que le pidan? (Mateo 7:11 RVR).

LA TENTACIÓN DE CRISTO POR EL DIABLO
DE FÉLIX JOSEPH BARRIAS, 1860

Considerad los cuervos, que ni siembran, ni siegan; que ni tienen despensa, ni granero, y Dios los alimenta. ¿No valéis vosotros mucho más que las aves? (Lucas 12:24 RVR).

Una cosa sabemos con certeza: Jesús nos promete que proveerá para nosotros, pero nunca nos promete una vida libre de riesgos o tragedias, ni riquezas materiales. Y Jesús nunca nos obliga a hacer nada. No nos obliga a amarlo o seguirlo. Nos ama lo suficiente como para permitirnos tomar esa decisión por nosotros mismos. Debemos ofrecernos voluntariamente para convertirnos en cristianos, porque la coerción no era parte de la enseñanza de Jesús; el amor era la fuerza motivadora de su ministerio.

Jesús no tenía mucho que decir sobre el gobierno, y a menudo desafiaba a los funcionarios gubernamentales por su arrogancia y abuso de poder. Todo lo que Jesús tenía que decir sobre el gobierno era una simple línea:

Dad a César lo que es de César, y a Dios lo que es de Dios (Marcos 12:17; Mateo 22:21 RVR).

Esta era la manera en que Jesús trazaba una distinción entre dos reinos: uno efímero y otro eterno. Asegúrate de darle al César lo que le corresponde —las cosas temporales del mundo material— y a Dios lo que es de Dios, estaba diciendo Jesús. Y Dios siempre es lo primero. Más allá de eso, él tuvo poco que decir. ¡No fue precisamente un respaldo rotundo al socialismo!

Una cosa que vale la pena repetir es esto: si Jesús hubiera querido gobernar la tierra y convertirse en un rey terrenal, podría haberlo hecho, pero no deseaba poder. En la tentación final de Satanás, este llevó a Jesús a una montaña alta y le hizo una oferta que la mayoría de los mortales habrían aceptado.

Y le dijo: «Todo esto te daré, si postrado me adorares» (Mateo 4:9 RVR).

Pero a Jesús no le impresionó la oferta.

Vete, Satanás, porque escrito está: «Al Señor tu Dios adorarás, y a él sólo servirás» (Mateo 4:10 RVR).

Es evidente que Jesús no nos visitó para gestionar nuestros asuntos políticos terrenales ni para crear la mejor forma de gobierno; eso no era lo que le interesaba. Su campo de misión éramos nosotros. El campo de misión de Jesús eran nuestras mentes, corazones y almas eternas. Su ministerio era profundamente personal, no político.

Jesús no predicó «un pollo en cada olla» cuando caminó aquí en la tierra. Si hubiera querido acabar con la pobreza en su tiempo, podría haberlo hecho. Después de todo, ¡él era Jesús! Pero durante su ministerio de tres años, pasó poco tiempo alimentando a los hambrientos: sólo unas pocas veces, la más memorable en la montaña al otro lado del mar de Galilea. Pero como indicamos antes, esa historia no tenía tanto que ver con alimentar a las masas hambrientas como con permitirles ver por sí mismas quién era él y ser testigos con sus propios ojos de los milagros que podía realizar con sus discípulos y a través de ellos.

Aquellos hombres entonces, viendo la señal que Jesús había hecho, dijeron: «Este verdaderamente es el profeta que había de venir al mundo» (Juan 6:14 RVR).

En cuanto a la redistribución de la riqueza, Jesús nunca la mencionó, ni siquiera la insinuó en la Biblia. En una ocasión se le pidió que desempeñara el papel de juez de equidad y resolviera una reclamación pendiente sobre una herencia, pero Jesús se negó rápidamente.

TODAS LAS COSAS MUEREN, PERO TODAS
RESUCITARÁN POR EL AMOR DE DIOS
DE LÉON FRÉDÉRIC, 1893–1918

> *Uno de entre la multitud le pidió: «Maestro, dile a mi hermano que comparta la herencia conmigo».*
>
> *«Hombre —respondió Jesús—, ¿quién me nombró a mí juez o árbitro entre ustedes? ¡Tengan cuidado! —advirtió a la gente—. Absténganse de toda avaricia; la vida de una persona no depende de la abundancia de sus bienes» (Lucas 12:13-15).*

Jesús no sugirió una redistribución masiva de la riqueza en una escala con la que sueñan los socialistas y comunistas. Los socialistas no quieren igualdad de oportunidades, sino igualdad de resultados. La fuerza es siempre el camino para llegar allí.

A Jesús le importaban nuestros *corazones* en lo que respecta a nuestro dinero, nuestros talentos y nuestros dones, y nos advirtió sobre los peligros de compararnos con los demás. Jesús nos advirtió sobre comparar nuestra suerte en la vida con la de un hermano o un vecino. Nos advirtió y nos contó historias sobre los peligros de la codicia, la comparación y la envidia. Por eso parece tan extraño caricaturizar a Jesús, nuestro Señor y Salvador, como la encarnación de un sistema político creado por el hombre como el socialismo. A Jesús no le preocupaban las diferencias en los resultados materiales. Es el punto, entre muchos, de la parábola de los talentos. A cada uno de los hombres se le dieron distintas cantidades de dinero para administrar, pero a Dios no le importaba con qué empezaban los hombres. Él estaba mucho más preocupado por la administración de lo que les había sido confiado. Estaba mucho más preocupado por los corazones de cada uno de esos tres hombres.

Eso es lo que pasa con los socialistas: están obsesionados con los resultados materiales y con las desigualdades económicas, y consideran que su misión aquí en la tierra es acabar con ellos. Jesús se preocupa mucho más por los resultados espirituales y del corazón. El resultado que más le importa a Jesús es el de cada uno de nuestros resultados eternos.

ESCASEZ CONTRA ABUNDANCIA

El mayor problema de los socialistas y comunistas en relación con la Biblia es la abundancia. Los socialistas y comunistas no creen en la *abundancia* de Dios. No creen que Dios creó los cielos y la tierra, los árboles y los animales, los océanos y las estrellas. Porque si lo hicieran, sabrían que nuestro Dios es un Dios abundante.

En cambio, los socialistas y comunistas ven *escasez* en todas partes. Es por eso que desean tanto redistribuir la riqueza, porque no tienen idea de cuál es realmente la fuente de toda la riqueza del mundo, material, espiritual y de otro tipo: Dios mismo. Los socialistas ven el mundo y la riqueza como estáticos y hacen todo lo posible por controlar esa riqueza, poner límites a esa riqueza y demonizarla. No ven a Dios como abundante y amoroso.

En resumen, la mentalidad socialista se puede describir mejor como una mentalidad de escasez. El mundo a sus ojos es finito y, por lo tanto, deben inventar normas y regulaciones gubernamentales para controlar la riqueza existente que tenemos en la tierra y redistribuirla para crear igualdad de resultados.

La mentalidad de Dios es la opuesta; es una de abundancia infinita. Jesús mismo explica en la parábola del grano de mostaza y la levadura cómo funciona la abundancia:

> *¿A qué se parece el reino de Dios? —continuó Jesús—. ¿Con qué voy a compararlo? Se parece a una semilla de mostaza que un hombre sembró en su huerto. Creció hasta convertirse en un árbol y las aves anidaron en sus ramas.*
>
> *Volvió a decir: —¿Con qué voy a comparar el reino de Dios? Es como la levadura que una mujer tomó y mezcló con tres medida de harina, hasta que hizo crecer toda la masa (Lucas 13:18-21).*

En esta historia, Jesús está hablando metafóricamente sobre cómo podemos entrar en el Reino de los Cielos, pero también está explicando cómo funciona la abundancia. Explica cómo el ingenio y la productividad humanos pueden y deben trabajar para beneficiar a la humanidad.

No hay nada milagroso en la levadura ni en la harina. Dios las diseñó a ambas, pero también nos diseñó para que seamos lo suficientemente creativos como para combinarlas. Y también nos diseñó para hacer el trabajo (y perfeccionar las habilidades) para convertir la harina y la levadura en pan.

Cualquiera que haya convertido alguna vez la levadura y la harina en pan sabe una cosa: es un trabajo duro. Requiere diligencia, habilidad y paciencia convertir esos ingredientes aparentemente no relacionados en pan, algo que se valora mucho en el mercado, en los hogares y en los restaurantes de todo el mundo.

Convertir la levadura y la harina en pan no es para los pusilánimes. Las más pequeñas variaciones en el clima, la humedad y el agua pueden cambiar los resultados. Se necesita un verdadero compromiso, un verdadero corazón, para hacer bien el trabajo día tras día.

En todo caso, esta parábola y otras apuntan a un sistema de vida (mercados libres) que está más en línea con los valores de Jesús que el socialismo o el comunismo. La palabra clave en los *mercados libres* es la palabra *libre*, que viene de *libertad*. Dios tiene mucho que decir sobre la libertad en la Biblia. Jesús contó incluso más parábolas en este sentido. La parábola del sembrador, la parábola de la cizaña y la parábola de la semilla de mostaza tratan todas sobre provisión, abundancia y administración, así como sobre la vida, no solo aquí en la tierra, sino también en el Reino de los Cielos.

Veamos la parábola del sembrador (a veces llamada la parábola de los suelos). Vale la pena leerla porque combina una instrucción profunda, mundana y eterna.

Comienza con Jesús sentado junto a un lago, con multitudes tan grandes reunidas a su alrededor que se subió a un *barco* para compartir esta historia. Así es como empezó y terminó:

Y dijo en parábolas muchas cosas como estas: «Un sembrador salió a sembrar. Mientras iba esparciendo las semillas, una parte cayó junto al camino, llegaron los pájaros y se las comieron. Otra parte cayó en terreno pedregoso, sin mucha tierra. Esas semillas brotaron pronto porque la tierra no era profunda; pero cuando salió el sol, las plantas se marchitaron y por no tener raíz se secaron. Otra parte de las semillas cayó entre espinos que, al crecer, ahogaron las plantas. Pero las otras semillas cayeron en buen terreno, en el que se dio una cosecha que rindió hasta cien, sesenta y treinta veces más de lo que se había sembrado. El que tenga oídos, que oiga».

Los discípulos se acercaron y le preguntaron: «¿Por qué hablas a la gente en parábolas?»

Él respondió: «A ustedes se les ha concedido conocer los misterios del reino de los cielos; pero a ellos no. Al que tiene se le dará más y tendrá en abundancia. Al que no tiene hasta lo que tiene se le quitará. Por eso les hablo a ellos en parábolas: Aunque miren, no vean; aunque oigan, no escuchen ni entiendan» (Mateo 13:3-13).

La metáfora dominante en esta historia es simple: algunos terrenos son más aptos para recibir semillas que otros. Algunos terrenos son más fértiles que otros. Lo mismo sucede con nuestros corazones, explica Jesús. En esta historia, el suelo nos representa. Representa nuestros corazones.

Una y otra vez, aprendemos que Jesús se preocupa más por nuestros corazones. Si la palabra de Dios es aceptada, pero no se cultiva, se marchitará. Solo aquellos que verdaderamente cultivan su fe encontrarán verdadera abundancia. Esta historia también tiene una naturaleza literal. En el primer siglo, la agricultura era la gran industria de su época. Esta parábola describe cómo los agricultores usan sus talentos para hacer que su tierra sea más receptiva al crecimiento y produzca mayores cosechas. Muestra que al usar su ingenio y creatividad humanos, así como la buena laboriosidad tradicional, los agricultores pueden producir cosechas abundantes que pueden ayudar a alimentar no solo a las familias del agricultor, sino también a otras familias.

Preparar adecuadamente la tierra, tanto en el primer siglo como en el siglo XXI, requiere mucho conocimiento, disciplina y comprensión. Al igual que el trabajo duro y la habilidad que se requieren para convertir la levadura y la harina en pan, se necesitan años de estudio, habilidad, diligencia, paciencia y un gran talento administrativo para operar una granja. No solemos asociar las palabras *perezoso* u *ocioso* con la palabra *agricultor*. Dios provee la tierra y las semillas, pero se necesita industria, innovación y esfuerzo humanos para convertir esas semillas y la tierra en una cosecha anual. El agricultor que no estudia, no trabaja ni profundiza en su conocimiento de su campo, seguramente se marchitará como el creyente que no conoce ni estudia la palabra de Dios.

Ningún estadounidense ha escrito con más elocuencia sobre los temas del cultivo, la abundancia, la creación de riqueza y el socialismo que Larry Reed, presidente emérito de la Fundación para la Educación Económica. Escribió:

La evidencia empírica actual es abrumadora respecto a que, como observó Montesquieu hace dos siglos, «Los países están bien cultivados, no porque sean fértiles, sino porque son libres». Las naciones que poseen la mayor libertad económica (y los gobiernos más pequeños) tienen mayores tasas de crecimiento económico a largo plazo y son más prósperas que aquellas que se involucran en prácticas socialistas y redistributivas. Los países con los niveles más bajos de libertad económica también tienen los niveles de vida más bajos. Los países libres y sus habitantes son los mayores donantes caritativos mientras que, en términos netos, los socialistas son decisivamente los que reciben. ¿Por qué es esto relevante? Porque no se puede redistribuir nada a nadie si no es creado por alguien en primer lugar, y la evidencia sugiere firmemente que lo único duradero que los acuerdos socialistas y redistributivos hacen por los pobres es darles mucha compañía.[8]

Reed cerró sus pensamientos sobre el tema con estas palabras:

En las enseñanzas de Jesús y en muchas otras partes del Nuevo Testamento, se aconseja a los cristianos —de hecho, a todas las personas— ser de «espíritu generoso,» cuidar de la propia familia, ayudar a los pobres y asistir a las viudas y huérfanos para mostrar bondad y mantener el carácter más elevado. Cómo todo eso se traduce en el sucio negocio de los esquemas de redistribución coercitivos, de compra de votos y motivados políticamente es un problema para los prevaricadores con agendas. No es un problema para los estudiosos de lo que la Biblia realmente dice y no dice.[9]

También debemos recordar que los peores regímenes políticos del último siglo y medio estaban comprometidos con las ideas del socialismo y el comunismo. La palabra *Nazi* era la manera de referirse al Partido Nacional Socialista de los Trabajadores, y el plan de Hitler era apoderarse de la plaza pública y concentrar el poder por el supuesto bien del pueblo alemán. Primero, Hitler atacó y enfermó a los más débiles de su población, los discapacitados y aquellos con enfermedades o deficiencias mentales, para fortalecer la raza aria. Pronto, fue su racismo el que llevó a la aniquilación de los judíos, el peor genocidio de la historia registrada. Esto luego condujo a una guerra mundial que llevaría a la muerte de 60 millones de personas.

Solo los regímenes comunistas dirigidos por Joseph Stalin (la Unión Soviética) y Mao Zedong (fundador de la República Popular China) fueron comparables a las atrocidades de Hitler. Los dos gobernantes comunistas trabajaron de manera diferente al dictador fascista en Alemania, pero el resultado fue el mismo: un gobierno fuerte, centralizado y autoritario que causó la muerte de millones de sus propios ciudadanos. Todo esto bajo la falsa promesa de utilizar al gobierno para crear un paraíso en la tierra, un lugar libre de desigualdad, injusticia, hambre y opresión.

Nada de esto convierte a Jesús en capitalista. Pero lo que impulsa el éxito de los mercados libres y el ingenio humano y la innovación que produce es la naturaleza voluntaria del mercado en sí. Es la naturaleza voluntaria de los mercados libres lo que ha sacado a miles de millones de personas de la pobreza en todo el mundo, ha prolongado la esperanza

PARÁBOLA DEL SEMBRADOR
DE MARTEN VAN VALCKENBORCH, 1580–1590

de vida con curas milagrosas para enfermedades y mucho más. Nadie obliga a la gente a comer en Chick-fil-A. La gente tiene la libertad de *elegir* comer allí porque la empresa, su liderazgo y sus 140.0005[10] miembros del equipo, sirven una comida excelente y ofrecen una excelente relación calidad-precio. Si dejan de hacerlo, o subestiman a sus clientes, esos clientes tienen la libertad de elegir gastar su dinero ganado con esfuerzo en otra parte.

La riqueza que esta alternativa al socialismo y al comunismo ha liberado en todo el mundo es innegable porque es lo opuesto al socialismo y al comunismo. Depende enteramente del intercambio *voluntario* y *libre* de bienes y servicios. Su naturaleza voluntaria es la salsa secreta del capitalismo de libre mercado, que saca a la luz los talentos otorgados por Dios a los seres humanos en todo el mundo.

Uno de los grandes humanitarios de los siglos XX y XXI es también el líder de una de las bandas de rock más exitosas del mundo: Bono, el cantante y líder de la banda U2, y también cristiano. Él, un hombre de izquierda reconocido, ha trabajado durante décadas tratando de reducir el hambre, la pobreza y las enfermedades en los lugares más pobres de la Tierra. En 2022, el activista social mundialmente famoso hizo una especie de confesión sobre el error de su pensamiento sobre la pobreza mundial.

> *Pensé que si simplemente redistribuíamos los recursos, podríamos resolver todos los problemas. Ahora sé que no es así. Hay un momento divertido en el que, como activista, te das cuenta de eso: la salida de la pobreza extrema es, uf, el comercio, es el capitalismo empresarial.* [11]

Nada de esto significa que Jesús sea capitalista. De hecho, el capitalismo se desprendió de la gracia y el amor al prójimo, de la compasión y preocupación por los segmentos pobres y vulnerables de la sociedad, de las redes de seguridad del gobierno para los más vulnerables entre nosotros, tampoco es digno de ser considerado cristiano. El valor y la dignidad de los seres humanos no pueden medirse por resultados, producto bruto interno o ingresos.

Una historia que cuenta Jesús que definitivamente confunde a los capitalistas es la parábola de los trabajadores de la viña. Antes de meternos en los detalles de esta historia extraordinaria, vale la pena leer toda la parábola en las propias palabras de Jesús:

Asimismo, el reino de los cielos se parece a un propietario que salió de madrugada a contratar obreros para su viñedo. Acordó darles la paga de un día de trabajo y los envió a su viñedo.

Cerca de las nueve de la mañana, salió y vio a otros que estaban desocupados en la plaza. Les dijo: «Vayan también ustedes a trabajar en mi viñedo y les pagaré lo que sea justo». Así que fueron.

Salió de nuevo a eso del mediodía, y luego a la media tarde e hizo lo mismo. Alrededor de las cinco de la tarde, salió y encontró a otros más que estaban sin trabajo. Les preguntó: «¿Por qué han estado aquí desocupados todo el día?»

«Porque nadie nos ha contratado,» contestaron.

Él les dijo: «Vayan también ustedes a trabajar en mi viñedo».

Al atardecer, el dueño del viñedo ordenó a su capataz: «Llama a los obreros y págales su salario, comenzando por los últimos contratados hasta llegar a los primeros».

Se presentaron los obreros que habían sido contratados cerca de las cinco de la tarde y cada uno recibió la paga de un día. Por eso, cuando llegaron los que fueron contratados primero, esperaban recibir más. Pero cada uno de ellos recibió también la paga de un día. Al recibirla, comenzaron a murmurar contra el propietario. «Estos que fueron los últimos

LA VIÑA ROJA
DE VINCENT VAN GOGH, 1888

en ser contratados trabajaron una sola hora —dijeron—, y usted los ha tratado como a nosotros que hemos soportado el peso del trabajo y el calor del día».

Pero él contestó a uno de ellos: «Amigo, no estoy cometiendo ninguna injusticia contigo. ¿Acaso no aceptaste trabajar por esa paga? Tómala y vete. Quiero darle al último obrero contratado lo mismo que te di a ti. ¿Es que no tengo derecho a hacer lo que quiera con mi dinero? ¿O te da envidia que yo sea generoso?»

Así que los últimos serán primeros y los primeros serán últimos (Mateo 20:1-16).

Qué historia, y qué incómoda es para los capitalistas. ¡Qué injusto es que el obrero que trabaja menos horas reciba la misma paga que el obrero que trabajó más! ¿Qué clase de empresario, ni hablar de jefe, era este propietario? ¿Qué clase de incentivos propone este propietario? ¿Por qué alguien querría ir temprano a trabajar para un jefe así? La mente de un capitalista seguramente se haga estas preguntas con esta historia. ¿Qué clase de lecciones enseña esta parábola?

El hecho es que Jesús no estaba dando una clase de economía. Es más, el propietario honró sus promesas a cada uno de los obreros. Cuando los obreros comenzaron a quejarse sobre la injusticia de la paga del propietario, les dijo:

Pero él contestó a uno de ellos: «Amigo, no estoy cometiendo ninguna injusticia contigo. ¿Acaso no aceptaste trabajar por esa paga? Tómala y vete. Quiero darle al último obrero contratado lo mismo que te di a ti» (Mateo 20:13-14).

El propietario no había terminado, y les hizo saber lo que pensaba de sus reclamos y lo que sabía de sus corazones.

¿Es que no tengo derecho a hacer lo que quiera con mi dinero? ¿O te da envidia que yo sea generoso? (Mateo 20:15).

El propietario sabía que Jesús sabe todo de nosotros: que a menudo estamos disconformes con Dios cuando hace algo que consideramos injusto, hace algo que consideramos parcial, aun cuando él cumple su promesa con nosotros. Y sabemos lo que la comparación y la codicia producen en el corazón humano: endurecen nuestros corazones, nos separan de nuestros prójimos y nos separan de Dios.

Jesús contó esta historia, no para explicar nuestra economía terrenal, sino la celestial. A Jesús no le importa si has sido un cristiano por 70 años o 70 minutos. Y tampoco quiere que a nosotros nos importe. Esta parábola no trata sobre propietarios o sueldos o equidad o pagos garantizados. Es una historia sobre la *bondad* de Dios. Es una historia sobre la generosidad y compasión de Dios, y un vistazo del reino celestial. Se trata de lo que Dios desea para todos nosotros: un buen corazón, limpio de envidia y codicia, y lleno de amor y gratitud.

Esta parábola es, al final, una historia sobre la gracia de Dios, y también su misericordia, especialmente con la gente que menos la espera, los que creen que no se la han ganado y todos nosotros que no la merecemos.

El hecho es que la justicia de Dios, la misericordia y el amor son mucho más grandes que la justicia, la misericordia y el amor que los humanos mostramos. Jesús contó esta historia no para enseñarnos sobre remuneración, o qué tan justa es la distribución de la riqueza o la salud. Contó esta parábola para enseñarnos sobre la salvación, que está al alcance de todos nosotros sin importar nuestra riqueza, salud, estatus social o pasado.

Si el capitalismo tiene un defecto, es que demasiadas personas lo tratan como su Dios. Adoran en el altar del capitalismo, y la tarjeta de resultados del capitalismo desenfrenado, que es la riqueza acumulada.

Jesús, mediante esta parábola, le muestra al mundo que su tarjeta de resultados es muy diferente a las del mundo que conocemos y con las que medimos el éxito. Medimos ganadores y perdedores. Ninguna frase que Jesús pronuncie en la Biblia deja eso más en claro que la última en esta historia:

Así que los últimos serán primeros y los primeros serán últimos (Mateo 20:16).

Jesús definitivamente no es capitalista. Eso es ingenuo e incorrecto. Pero Jesús definitivamente tampoco es socialista, no según cualquier estudio serio de las Escrituras o de las palabras y obras de Jesús.

Jesús definitivamente no es demócrata ni republicano, ni un hombre de izquierda o derecha política. No encaja en ninguna caja ni en ninguna construcción o narrativa creada por el hombre. Las diferencias que dividen a la humanidad (las cosas terrenales que nos separan) no le interesan ni tienen importancia. Las diferencias de clase, etnia o trasfondo cultural son líneas de batalla creadas por el hombre. La única división que importa (la única opción que le importa) es la que se nos da a todos. Y siempre, esa opción es seguir a Jesús o no. Lo único que le importa a Jesús es si elegimos creer que solo él es la fuente de nuestra salvación eterna. Esa es una elección personal profunda. Una elección espiritual profunda. Una elección profunda de corazón y mente.

Jesús se adelantó tanto a su tiempo que fue el MCO: el multiculturalista original. Él sabe y siempre ha sabido que todos los que lo aceptan y lo siguen son hermanos y hermanas en Jesús. No importa nuestro color de piel, género o herencia étnica, Jesús es nuestro principio y nuestro fin. Nuestra identidad está en él y a través de él.

Reducir la vida, muerte y resurrección de Jesús, y sus profundas enseñanzas, a un sistema político profundamente defectuoso y creado por el hombre que usa la fuerza y la coerción para ayudar a los pobres es una mezcla de locura y arrogancia. Sin embargo, hay algunas personas fuera de la comunidad cristiana (y algunas dentro de ella también) que creen que la vida y las enseñanzas de Jesús respaldan la teoría política y económica conocida como socialismo.

Para ellos —y para todos los que tratamos de reducir a Jesús para que se alinee con nuestras propias cosmovisiones— vale la pena tener presente este último versículo de la Biblia.

«Porque mis pensamientos no son de ustedes, ni sus caminos mis son mis caminos,» afirma el SEÑOR *(Isaías 55:8).*

Notas finales

1   https://dle.rae.es/socialismo?m=form.

2   Traducido de D. A. Carson, citado en Stephen Beale, "The Deeper Meaning of the Story of Jesus and the Moneychangers," Catholic Exchange, 13 de febrero de 2017, https://catholicexchange.com/deeper-meaning-story-jesus-moneychangers/#:~:text=As%20one%20commentator%2C%20D.A.%20Carson,petition%2C%20there%20is%20noisy%20commerce.

3   Traducido de Martin Luther King, Jr., "I've Been to the Mountaintop," discurso presentado en Mason Temple, 3 de abril de 1968, Memphis, TN, 32 min. 8 seg., grabación de audio provista por el The Martin Luther King, Jr. Center for Nonviolent Social Change, https://www.youtube.com/watch?v=gC6qxf3b3FI&t=1928s.

4   Traducido de Martin Luther King, Jr., "The Three Dimensions of a Complete Life," sermón presentado en New Covenant Baptist Church, 9 de abril de 1967, Chicago, IL, 9 min. 26 seg., grabación de audio provista por el The Martin Luther King, Jr. Center for Nonviolent Social Change, https://www.youtube.com/watch?v=GU3AnO_PJGU.

5   Traducido de Martin Luther King, Jr., "The Three Dimensions of a Complete Life," sermón presentado en New Covenant Baptist Church, 9 de abril de 1967, Chicago, IL, 11 min. 24 seg., grabación de audio provista por el The Martin Luther King, Jr. Center for Nonviolent Social Change, https://www.youtube.com/watch?v=GU3AnO_PJGU.

6   Traducido de Gore Vidal, https://quoteinvestigator.com/2014/09/11/friend-succeeds/.

7   https://dle.rae.es/socialismo?m=form.

8   Traducido de Lawrence W. Reed, "Rendering Unto Caesar: Was Jesus a Socialist?" Foundation for Economic Education, 3 de marzo de 2015, https://fee.org/ebooks/rendering-unto-caesar-was-jesus-a-socialist/#:~:text=The%20empirical%20evidence%20today%20is,economic%20growth%20and%20are%20more.

9   Traducido de Lawrence W. Reed, "Rendering Unto Caesar: Was Jesus a Socialist?" Foundation for Economic Education, 3 de marzo de 2015, https://fee.org/ebooks/rendering-unto-caesar-was-jesus-a-socialist/#:~:text=The%20empirical%20evidence%20today%20is,economic%20growth%20and%20are%20more.

10   Traducido de Chick-fil-A 140.000 miembros del equipo, https://www.chick-fil-a.com/our-standards/taking-care-of-restaurant-team-members#:~:text=of%20our%20customers.-,Supportive%20Workplace,in%20the%20communities%20we%20serve.

11   Bono, citado en David Marchese, "Bono Is Still Trying to Figure Out U2 and Himself," New York Times Magazine, 24 de octubre de 2022, https://www.nytimes.com/interactive/2022/10/24/magazine/bono-interview.html.

Índice de Bellas Artes

Índice de Bellas Artes

Grace & Favor Publishing, una unidad de Job Creators Network, fusiona una pasión por la fe con el espíritu emprendedor, ofreciendo recursos que inspiran el crecimiento espiritual y al mismo tiempo alientan a las personas a equilibrar su fe y su trabajo.

Arraigados en los valores conservadores defendidos por nuestra organización matriz, reconocemos el poder transformador de la iniciativa libre y las oportunidades que le brinda a las personas y a las familias para prosperar. Guiados por la sabiduría de la misión de Job Creators Network de proteger Main Street y apoyar los negocios, Grace & Favor apunta a equipar a los lectores no solo con las herramientas para profundizar su conexión con Dios sino también con principios para navegar los desafíos del trabajo y la vida con integridad y propósito.

Al promover la comprensión y alentar un compromiso a una vida basada en la fe, aspiramos a capacitar a los individuos a producir un impacto duradero en sus comunidades y lugares de trabajo, reflejando la fortaleza de una economía de libre mercado y los valores perdurables que defiende.